Promoting a "Well-Being City"

「ウェルビーイングなまち」を育てるプロモーション

――あなたのまちでも使える事例と分析

河井孝仁 著

第一法規

「まえがき」というか、お詫びというか、時代遅れの無駄話というか

　書名に惹かれてこの本を手に取ったあなたに、まず謝罪しなければならない。ここには、デジタル田園都市国家構想交付金をどう獲得するかについては書いていない。何を言っているのかわからない方に申し上げると、ウェルビーイングというものがあって、地方自治体がデジタル田園都市国家構想交付金というお金を得るためには、考えておかなければいけないことになっている。

　一応、いまさらながら述べておくと、デジタル田園都市国家構想とは2021年に内閣総理大臣の下で発表された「デジタル実装を通じて地方が抱える課題を解決し、誰一人取り残されずすべての人がデジタル化のメリットを享受できる心豊かな暮らしを実現する」ことだ。ふぅーん。

　「誰一人取り残されず」というのは、何から「取り残されない」のだろう。心豊かな暮らしから？。だったら、確かに取り残されないほうがいい。デジタル化のメリットが享受できないと「誰一人」心豊かな暮らしができないのか。ふむふむ。

　ところで、私は「誰一人」や「すべての人」という語句が入った文章を信用しないことにしている。端的に無理だから、また、そうしたくない人もいるだろうから。「誰一『人』」や「すべての『人』」という語句の入った文章の多くは、『人』を客体として、述語として見なしていると考えている。「やってやる」的な。いったん客体とした、述語とした『人』を主体や主語に転換させる仕掛けが読み取れれば、いいのだが。

　まあ、単なる思い込みである。こんな私でもデジタル化やDX化が重要であると思っている。印鑑を捺すことにうんざりしているし、紙を郵送することもいささか勘弁してほしい、LINEによるセグメント配信が無駄な情報受信を減らしてくれるはずだとも思っている。AIによるカスタマーサポートも助かる、今のところ、時々いらいらするけれど。生成AIで論文の概要

をまとめて読むことでパフォーマンスをあげてもいる。リモート会議で事業成果を向上させていることも確かだ。

　さて、政府のデジタル庁は「デジタル田園都市国家構想の実現に向け、地域幸福度（Well-Being）指標の活用を実施・検討する自治体の職員等を対象として地域幸福度（Well-Being）指標活用1Dayセミナーを開催」したそうだ。

　どうも、浅学の私などは舌を噛みそうである。自治体の職員の皆さんもなかなかに大変である。

　ということで、この本は単なる読み物である。ウェルビーイングの解説書でもなければ、デジタル田園都市国家構想交付金の手引きでもない。

　「なんだよ」とページを閉じようとしたあなたに。しかし、この本は、交付金をどう獲得するかということ以前に、そもそも地域とはどのようにあることが必要なのだろうという提起を、語ろうとはしている。

　もちろん、地域とはどのようにあることが必要なのだろうということに唯一の正解などはあり得ない。ここでの提起もひとつの考え方であり、地域での多様な試みを、その考え方に基づいて紐解いている。

　さらに、地方自治体職員や地方自治体職員出身者、地域に関わってきた人々による長短のコラムがあり、地域という物語において、地域に住む人、地域に関わる人々を主語にしていく具体的な状況を語っている。

　この本は、そういう書籍である。

　そうした「そもそも」について考えてもいいかなと思われた方、地域で幸せに生きる人々が一人でも増えるために働く、そんなことがそれなりに嬉しいという方は読み続けても、それほど損はないと思っている。

　デジタル田園都市国家構想交付金を獲得するためにウェルビーイングを学ぶ指南書だと思って、本書を手に取ってしまった方、残念ながらさようなら。また、どこかで会えると嬉しい。もう、既にいなくなっているかな。

　さて、そのウェルビーイング（Well-Being）という言葉は、とてもナイーブに捉えるなら「ウェル」よく、「ビーイング」生きる、と解くことが

できるのだろう。

　しかし、なぜ、わざわざ「ウェルビーイング（Well-Being）」という耳慣れないカタカナやアルファベットを使わなければならないのだろうか。「よく生きる」ことではいけないのか。

　いろいろと理由はあるに違いない。まあ、国際的な潮流とか。ウェブサイトによればOECD（経済協力開発機構）ではウェルビーイングを「幸福で充実した人生を送るために必要な、心理的、認知的、社会的、身体的な働きと潜在能力」と定義しているそうだ。

　いや、ウェルビーイングについてはWHO（世界保健機構）のほうが先輩格のようで、「健康とは、病気ではないとか、弱っていないということではなく、肉体的にも、精神的にも、そして社会的にも、すべてが満たされた状態にあること」と定義するなかでの「社会的」というのが、どうもウェルビーイングらしい。

　ところで、内閣府のウェブサイトで見つけた資料によると、Well-Being指標によるダッシュボード評価という考え方があるようで、いろいろと面白いことが書いてある。ここで、ウェルビーイングとカタカナを使わず、Well-Beingという英語で記述したのは、もともとのウェブサイトの資料がそうなっているからなので、お許し願いたい。ここだけでも混乱するが。

　で、その資料では、Well-Beingを「心の豊かさ」として、オープンデータによる客観指標とアンケートによる主観指標をダッシュボードで総合評価することになっている。難しい。ウェルビーイングは社会的状況なのか心の豊かさなのか、そして、いずれかの指標により改善しているか否かを総動員された関係者全員で評価／検証するとのこと。

　この時点で、ちょっと胡散臭いと思うのは、「総動員」とか「関係者全員」とか、「いつの時代の言葉だよ」とか、「そんなことできるのかよ」と思ってしまう。

　いや、これは私がひねくれているせいなので、虚心坦懐に受け取らなければならないのだろう。ごめんなさい。

で、客観指標では何を評価するかというと「居住環境」「公共空間」「安全安心」「自然環境」「移動交通」「買物食糧」「医療健康」「介護福祉」「義務教育」「つながり」「雇用」だそうだ。
　具体的な指標としては「グリーンエネルギー比率」「CO2排出量等脱炭素指標」「男女平等等格差指標」「労働者平均時給」「都市部の環境指標」「その他分野別指標（国連SDGs指標を参照）」「研究開発投資額」「新規創業数・事業数」「デジタル教育普及度」「全要素生産性伸び率」「DX認定事業者数」「先導的プロジェクト実施数」が挙げられていた。これらはオープンデータから把握することになっているらしい。
　主観指標はアンケートで確認するようだが「安全安心」「暮らし快適さ」「生活利便性」「生活インフラ」「子育て・医療・介護」「自治体運営」「まちの活力」を測ると書かれている。アンケート項目だけでも膨大になりそうだが、こういうアンケートって、質問がたくさんありすぎると、まじめに答える人がいなくなるということはないのだろうか。
　いずれにしろ、このあたりは、日本におけるウェルビーイング指標の大看板である一般社団法人スマートシティインスティチュートのウェブサイトに詳しい話が載っている。
　端的な感想を述べると、「幸せ」とはなかなかに大変である。
　そういえば、既述したようにデジタル庁は「地域幸福度（Well-Being）指標」ということを言っている。こうした、膨大な客観指標と主観指標を組み合わせることで、地域の幸福度が測れるということなのだろう。
　いくつか、理解できないことがある。私の頭が悪いせいだ。
　「地域の」幸福度とは、そもそも何だろう。幸福とは個人の問題ではないのだろうか。ある一定の範囲に住んでいる人々の中には、幸福な人もいれば、不幸な人もいるだろう。「地域が幸福である」というのは、どういうことなのだろうか。
　幸福ということが個人の問題であるとすると、その個人の心のなかが「CO2排出量等脱炭素指標」と「研究開発投資額」で測れるということなの

だろうか。この2つでは測れないから、膨大な指標を組み合わせてダッシュボードにするという話なのだろうが、指標を膨大にすれば個人の心のなかがわかるのだろうか。

さらに、個人の思いを膨大なアンケートで聞き取れば「地域の」幸福がわかるだろうか。とても幸せな人がいて、とても不幸な人がいる地域と、皆がそこそこ幸せであるという地域は、どちらが「地域幸福度」が高いのだろう。

もちろん、一般社団法人スマートシティインスティチュートは賢い。データが散らばっているか、集まっているかも確認できる。それぞれの地域の特徴も分かるわけだ。すごい。

そのうえで、その地域が幸福であるかどうかは誰が決めるのだろう。国や地方自治体が「こういう数字になっているから、この地域は幸福です」ということなのだろうか。

いや、幸福とは何だろう。そのことを考えるために、数千年が費やされているわけだが。

幸福とか、幸せとか言う言葉は、国や地方自治体が地理的範囲・エリアについて使う言葉ではなく、一人ひとりの個人が使う言葉ではないのか。

誰かに「これこれだからお前は幸せだ」「これこれだからあなたは不幸だ」と言われるのはさすがに気持ちが悪すぎる。そう、私は意図的に誤解している。Well-Being 指標は個人の幸福ではなく、地域の幸福を示そうとしている。で、元に戻る。地域の幸福とは何か。

だから、この本では、ウェルビーイングを「幸福」や「幸せ」と解釈しない。ウェルビーイングは、それぞれが「よく生きる」という思いとして考える。さらに、この本では「よく生きる」ということと「よく生かされている」ということを区別する。

「よく生きる」とは、自らが主語として生きる、主人公として生きるということだ。「よく生きる」とは、地域の中でさまざまに生起する物語（ライフストーリー）のなかで、人々が、それぞれに切り拓く存在としてあるということだ。

物語の過程には挫折もあり、不幸もある、そして、挫折があるからこそ、乗り越えることで主人公として「よく生きる（ウェルビーイングな）」ことができる。

　平板な「幸福な地域」「不幸な地域」などというものがあるのではない、ある場所に関わりつつ、どのように継起として「よく生きる（ウェルビーイングな）」のかが問われる。

　さまざまな地域で、そこに暮らす人、そこに関わる人が「よく生きる」という実感をもつ、「自らが主語として生きている」「自らが切り拓く存在としてある」、そうした実感を持つ人が多くなるために、国や地方自治体は条件を整える、機会をつくるということだろう。

　暮らしに追われ毎日を過ごす人も、介護を得て生きる人も、重い障害を持って寝たきりである人たちも「される人」（述語・客体）として生きるのではなく、「する人」（主語・主体）として生きることができる地域となるために条件を整える、機会をつくることが「よく生きる（ウェルビーイング

図0-1　物語の連鎖としての地域

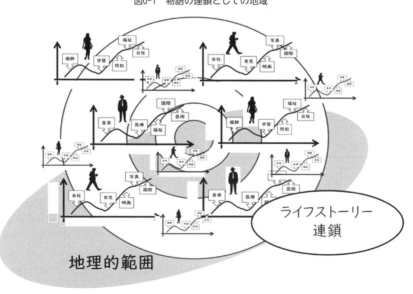

な)」地域を創るということになる。

 だから、地域に「物語」が必要になる。物語があるから、人は主人公になれる。それも誰かがつくった物語ではなく、自らがつくる物語が求められる。(図0-1)

 その物語の主人公に伴走者が必要なこともあるだろう。主人公の思いをしっかりと受け止め、しかし、伴走者が主人公に変わるのではなく、主人公の意図を把握し、主人公としての物語を紡ぐために伴走する。

 一人ひとりがそれぞれに、時に伴走者を得て主人公になる物語たちは、多様な形で編まれ、「よく生きる(ウェルビーイングな)」人たちが暮らす・関わる地域(まち)としての物語が生まれる。

 岡崎乾二郎という現代美術作家であり卓抜した美術批評家である人がいる。

 おいおい、唐突に現代美術の話か。一人ひとりの「よく生きる(ウェルビーイング)」を支える地域の話じゃなかったのか。そう、私は美術鑑賞が大好きだ。しかし、個人的な趣味の話をここでしようとしているわけではない。

 岡崎に『近代芸術の解析 抽象の力』(亜紀書房 2018)という書籍がある。そこに「漱石と「f+F」」という章があり、漱石が文学の構造を「f+F」の図式で分析した話が出てくる。こんどは、夏目漱石か、どんどん逸れていくぞ。いや、大丈夫だ。戻る。美術から文学に移ったことで、物語には近づいた。

 岡崎が紹介する夏目漱石の文学理論をそのまま紹介すると、さすがに難解だ。だから、ここでは、私の勝手な解釈によって説明する。岡崎さん、夏目さん、ごめんなさい。どうも、このまえがきでは謝ってばかりだ。

 夏目は言う。「文学とは、日々のとりとめない数限りない感情(feeling)の累積(f)と、その「f」に焦点、解釈規範(見方、あり方)を与える「F」によって成立している。」

 まだ、難しいだろうか。さらに、勝手にパラフレーズする、敷衍する、言い換える。

ある一定の地域的範囲に、その場所に関わる人々の日常の感情（feeling・「ｆ」）が積み重なっていく、そこにはさまざま感情がある。それが分散化しているだけでは、「地域」は生まれない。

　それらの日常の行動から生まれる感情（＝「ｆ」）に、「あなたは意味のある存在だ」という解釈規範（見方、あり方＝「Ｆ」）を与える。そこに文学ならぬ地域、「よく生きる（ウェルビーイングな）」人々のための地域が成立する。

　この本では、地域での多様な取り組みを、そうした物語として、地域に関わる人々が、それぞれに「意味のある存在」として、ウェルビーイングする＝よく生きる（ウェルビーイングの）ために「主語」になる、そのような物語を創るための取り組みとして紹介する。

　言い換えれば、この本は、ウェルビーイングのパロディ本だ。パロディとは単なるおふざけではない。既存の権威を換骨奪胎して、新たな視点を与えることを意図する企てだ。さすがにこの本については、いささか言い過ぎであるだろうことは置いておくとして。

　あわせて、Well-Being 指標ではない、地域の底力を測る指標としてのmGAP（修正地域参画総量指標）あるいは mGAP 改、という考え方を示す。ただし、これではデジタル田園都市国家構想交付金を獲得できない、おそらく簡単すぎ。しかも、既に時代は Well-Being 指標だそうだ。世界も国も地域も、この Well-Being 指標が基礎になって政策形成されているそうだ。

　ごめんなさい、ここでも最後は謝罪になった。簡単なことは大事だと思うんだけど。mGAP も、いろいろな地方自治体で、そこそこ使われてもいるみたいではあるけれど。

　もう一つ伝えなければいけないことがあった。責任についてだ。この本には、現場の人々や地域を支援しようとしている人々から、長短様々に多くの事例やコラムをいただいた。ありがとうございます。

　ただ、その文章は、私がそこそこに手を入れてしまっている。一冊の書籍としてのまとまりや、私として、特に強調したい部分などを考えたためだ。

結果として、それら事例やコラムの文章としての責任は筆者である私にある。このことは確認しておきたい。

2024年8月

河井　孝仁

もくじ

「まえがき」というか、お詫びというか、時代遅れの無駄話というか

第1章 「よく生きる（ウェルビーイング）」に必要なものは「余白」か「空白」か

- ●章のはじめに ………………………………………………………… 2
- ●【事例】「余白あります。」はなぜ、どのように作られたのか。 ………… 4
  島根県飯南町　安部亜裕子（一部補記 河井）
- ●いささか長めの閑話休題 …………………………………………… 8

第2章 名付けることの安心と落胆と支配と革新

- ●章のはじめに ………………………………………………………… 18
- ●【事例】地域の魅力を語れる若者を増やすインナーブランディング … 21
  福井県坂井市　小玉悠太郎（一部補記 河井）
- ●これもまた長めの閑話休題 ………………………………………… 31

第3章 パンとサーカスがあれば「よく生きる（ウェルビーイング）」なのか

- ●章のはじめに ………………………………………………………… 38
- ●【事例】みの〜れライフが作り出すもの ………………………… 41
  Nakamasagas（なかまさがす）代表　中本正樹（一部補記 河井）
- ●閑話休題 ……………………………………………………………… 49
- ●もうひとつの閑話休題 ……………………………………………… 52

第4章　誘われることで人は「よく生きる（ウェルビーイングする）」ことができる

- ●章のはじめに ……………………………………………………… 56
- ●【事例】取材を通じてまちを好きになる、市民PRチーム「いこまち宣伝部」
  …………………………………………………………………………… 58
  奈良県生駒市　村田充弘（一部補記 河井）
- ●閑話休題 ………………………………………………………… 68

第5章　「よく生きる（ウェルビーイングな）」実感を作り出す露頭を用意する

- ●章のはじめに ……………………………………………………… 72
- ●【事例】マーケットの学校と &green market ……………………… 75
  合同会社 LOCUS BRiDGE CMO　荒井 菜彩季（一部補記 河井）
- ●閑話休題 ………………………………………………………… 83

第6章　私たちは「よく生きる（ウェルビーイングの）」ために誰に何を託すのか

- ●章のはじめに ……………………………………………………… 90
- ●【事例】無人駅がひらくと地域がひらく―住民が主役となる地域芸術祭―
  …………………………………………………………………………… 94
  特定非営利活動法人クロスメディアしまだ理事長　兒玉絵美（一部補記 河井）
- ●閑話休題 ………………………………………………………… 106

第7章　よく生きる（ウェルビーイングな）暮らしのために必要な視線

- ●章のはじめに ……………………………………………………… 112

- ●【事例】ブームが終わったあとの、物語のはじめかた ……………… 115
  京都府福知山市　宇都宮 萌（一部補記 河井）
- ●閑話休題 …………………………………………………………………… 123

第8章　矮小であってもいい、そこに崇高を見つけられれば

- ●章のはじめに ……………………………………………………………… 128
- ●【コラム】市民の地域内での役割を可視化する仕組みづくり ……… 131
  コミュニケーション・プランナー　藤倉 優貴（一部補記 河井）
- ●閑話休題 …………………………………………………………………… 139

第9章　関係人口という視点からの「よく生きる（ウェルビーイング）」

- ●章のはじめに ……………………………………………………………… 148
- ●【ロングコラム】地域への愛着形成は"旅"。関係人口がたどる「つまづきジャーニー」………………………………………………………… 152
  ゆるさとLabo　田中咲（一部補記 河井）
- ●いささか長めの閑話休題 ………………………………………………… 166
- ●ここでも、もうひとつの閑話休題 ……………………………………… 171

第10章　関係人口という視点からの「よく生きる（ウェルビーイング）」再説

- ●章のはじめに ……………………………………………………………… 180
- ●【ロングコラム】関係人口形成にとって理想的な地域はあるか ……… 182
  ゆるさとLabo　増田光一郎（一部補記 河井）
- ●閑話休題 …………………………………………………………………… 189

おわりに

第 1 章

「よく生きる（ウェルビーイング）」に
必要なものは
「余白」か「空白」か

> **章のはじめに**

　国宝「松林図屏風」を東京国立博物館で見たことがある。それ以外にも何回か、実見している。そのたびに時間が溶けていく。特に、東京国立博物館では、それほど多くの人が周りにいたわけでもなかったこともあって、気づけばガラスケースの前に立ってから相当な時間が経っていた。

　「松林図屏風」を描いた長谷川等伯は安土桃山から江戸初期にかけての絵師である。当時、大きな力のあった狩野派と競いながら、支援者であった千利休の切腹、等伯の息子であり次代を担う存在として期待されていた久蔵の早逝という厳しい時期を迎える。

　この、千利休と久蔵の死の年から何年かをかけて「松林図屏風」は描かれている。

　水墨画である。朝霧だろうか、靄のなかに何本かの松が奥行きをもって立っている。一部にでも濃い墨が用いられているのは四本の松、10本ほどの松樹は薄墨である。濃墨も薄墨も、一様の濃さではない。濃淡で重なり描かれた松は、遠近を見事に表している。

　そして、圧倒的な余白がそこにある。余白に湿った空気が見える。見えないはずの空気が見える。余白とはいえ、ごく薄い墨が掃かれているためだろう。

　この余白に松は立つ、じっと見ていると、松がこちらに迫ってくるようにも感じられる。そのとき松は既に松ではなく、あたかも、それぞれに思いを背負った人であるようにさえ見える。そこに、靄の奥から徐々に、明らかな姿を見せて現れる利休や久蔵が見える。

　余白の話だ。余白ほど饒舌なものはない。余白は何かが立ち現れてくるための場所である。そこには充溢した、準備されたエネルギーがある。放電され消費されることを待つエネルギーが用意された場所が余白だ。

　余白はのっぺりとした空白ではない。いや、空白を余白として解釈できる

かどうかが「よく生きる（ウェルビーイングの）」ためには決定的な意味を持つ。空白には電荷がなく手がかりがないが、余白には指をかける、放電する場所がある。余白は想像力を生み出す場所であり、動くことのできる余地になる。

　空白にごくごく薄い墓をあるかないかに掃く、そこに余白が生まれる。空白に見える場所に、ごく小さな鵐を描くことで、それ以外の空間が一挙に余白に変わる。

　余白はなんとなく生まれるものではない、構造的に作り出すものだ。「よく生きられる」場所をつくるには、空白に薄墨を掃き、小さな鵐を描かなくてはならない。想像力のきっかけや手がかりを準備することで、人々は動き出しやすくなる。

　地域をプロモーションするということが、地域の名を知らしめることにとどまるのではなく、その地域に関わる人々が「よく生きる（ウェルビーイングの）」ためのものだとすれば、地域プロモーションは空白を余白に変えなくてはならない。

　空白を余白に変える、「なにもない」まちを、荷電した、エネルギーの準備された場所にする、そのための薄墨のひと掃けの一つが、ブランドメッセージであるはずだ。安部亜裕子は、そうしたありようを書いている。

事例

「余白あります。」はなぜ、どのように作られたのか。

島根県飯南町　**安部亜裕子**（一部補記 河井）

　飯南町の人口は約4,400人。人口減少が進んでおり、まちの存続のためには、行政のみならず、住民自らがまちに関心を持ち、行動することが望まれます。しかし、住民座談会やアンケート結果で分かったのは、「行政が目指す方向が分かりにくい」「情報発信不足」「人とつながる場がほしい」という住民の声。

　これらの意見に対応し、住民が地域へ主体的に関わる仕組みづくりのため、ブランドメッセージを活用したシティプロモーションに取り組むこととしました。

　私たちは、住民参加による「ブランドメッセージプロジェクト」を実施することにしました。参加者は高校生から70代までと幅広く、予想以上の盛り上がりでした。自分たちで考えた言葉がブランドメッセージになるとあって、議論も白熱します。

　日常で感じる小さな幸せや、まちの好きなところなど話は尽きません。「人とつながる場」を設けたことで、住民同士のつながりが生まれたのはも

ブランドメッセージを考案する参加者たち

ちろん、参加者の「まちが好き」という気持ちを強くさせることにもつながりました。

　プロジェクトで考案したブランドメッセージ候補案は、コピーライターがブラッシュアップすることにしました。そのようにしてできあがった4つの候補案から選ぶ最終選考は、より多くの住民に関わってもらうため、誰もが投票できる「総選挙」としました。

　Web投票に加え、気軽に投票してもらえるよう、町内各所に投票箱を設置。学校へ依頼し、中高生にも投票してもらいました。

　また、ブランドメッセージに関する取組への理解や、総選挙への参加を促すため、さまざまな動画を作りました。動画に登場するのはプロジェクト参加者や高校生など多くの住民です。総選挙にちなみ「選挙特番」「勢見放送」として、ニュースキャスター役や立候補者役を演じ、投票を呼びかけました。

　この結果、町人口のなんと、ほぼ半数にあたる、2,331票の投票があり、ブランドメッセージが決定しました。

　決定したブランドメッセージは「余白あります。」。「余白」という言葉に

住民やマスコットキャラクター「い〜にゃん」が登場する動画で投票呼びかけ

は、豊かな自然、自分らしい暮らし方、未来への可能性などさまざまな意味を持たせています。ブランドメッセージをきっかけとして、まちに関心を持ってもらおうと、住民が出店者となるマルシェや、オリジナルグッズコンテストなどを継続的に開催しました。

さらに、「余白あります。」の持つ意味をじっくり伝えるためのツールが必要と考えました。住民が主役となる仕掛けとして「余白で表現されるまちの魅力を記した書籍を制作・販売する」という取組を実施することにしました。

地域の魅力は地域に暮らす人が発信していくという「ローカルジャーナリスト」の考え方や、取材方法、執筆方法などを学びながら、中学生から70代までの11名が記事を執筆しました。

完成した書籍「余白の中で。」(飯南町まちづくり推進課企画・編集、ハーベスト出版、2023年)は、全国の書店やインターネットで販売されています。書籍に登場した住民への取材や、仕事の発注などの反響が多数ありました。

SNSに書籍の感想を投稿したり、同窓会で配るからと何冊も購入する方もいました。書籍販売と並行し、本を片手にまちの魅力を語り合うトークイベントや、ワークショップ、写真展などを開催しました。

住民が主体的に関わる取組を行うなかで印象的だったのは、住民のまちへの思いの強さ、豊かな感性、個性的な特技の数々です。まちの魅力とは、そ

推敲を重ね、記事を書き進める参加者

こに暮らす人々の暮らしそのものであると感じました。

書籍にちなんだ写真展の開催

いささか長めの
閑話休題

　島根県飯南町は島根県の中南部、中国山地の中ほどに位置している。面積242.88km²のうち約9割は森が占めており、標高1千メートル級の山々がまちを囲んでいる。

　ちなみに1975年に8,180人だった人口は、2024年6月には4,398人に減少している。あいもかわらぬ人口減少、ひいては地域消滅の話か。

　いや、地域には「あいもかわらぬ」話などはない。その場所に関わって生きる人々それぞれがもつ感情の集積、そうした感情をもつ個人それぞれを主語にする物語が、そこにある。

　飯南町は2022年度から2023年度にかけて、シティプロモーションの一環としてブランドメッセージを作成し、活用するための多様な取り組みを行った。空白を余白に変える取り組みである。

　シティプロモーションとは何か。本書では既に「地域を持続的に発展させるために、地域の魅力を創出し、地域内外に効果的に訴求し、それにより、人材・物財・資金・情報などの資源を地域内部で活用可能としていくこと」

図1-1　シティプロモーションの5段階

発想段階	キーワード		実現手法
① 地域にとって最も重要な資源を、地域への	「関与意欲」	として把握する	【地域参画総量】
② 資源としての関与意欲を	「定量化」	する	【修正地域参画総量指標 mGAP】
③ 関与意欲を創りだすために	「地域を語る力」	を育てる	【地域魅力創造革新スパイラル】
④ 意欲を、地域に関わる人々の幸せ実現につなげる	「関与の窓」	を設ける	【行政・地域の多様な活動】
⑤ 関与の窓を的確に機能させる	「行動促進」	を行う	【メディア活用戦略モデル】

と定義したはずだ。

　シティプロモーションを進めるには、5段階に分けて発想、実行していくことが求められる。詳細については『「関係人口」創出で地域経済を潤すシティプロモーション2.0』（第一法規）に詳しいが、ここでは、概要を示そう。

① 地域にとって最も重要な資源を、地域への「関与意欲」として把握する【地域参画総量】

　消滅可能性自治体という、なかなかに礼を失したことばがある。もっぱら、出産可能とされる女性人口の変化に基づいた考え方だ。そういえば「産めよ殖やせよ」というスローガンがあった。第二次世界大戦前の厚生省予防局優生課が提起した国策標語と紹介される。

　これらの言葉には「人口」は手段であるという発想が見える。女性は産む機械ではない。女性が、多くの場合はパートナーとともに、そうではない場合もあることには十分に意識しなければならないが、自ら、産めるか、産みたいかを十分に考え、決定した結果が、人の誕生でなければならない。現在、そうではない出産が存在することを痛みとして捉えることも必要だ。

　出産可能とされる女性人口という考え方にとどまっていては、こうした、女性の自律を支える思考を失いがちになる。政府や自治体も、産める状況を作る、産みたい状況を作るための努力を行っていることは否定しない。そうであれば、「産みたい」という意欲に焦点を当てることが求められるはずだ。

　さらに、生まれ育った人も、また自由であることを考えれば、そのすべての人々が常に、地域の持続を望まなければならないわけではない。望まない、あるいは興味がないという判断も当然に許容されるはずだ。

　そのうえで、地域を持続させようとするのであれば、地域に関わって能動的に「よく生きよう」とする人々が増えなければならない。出産可能とされる女性人口という発想を否定はしない。しかし、その言葉は思考を停止させ

る。地域への関与意欲を持つ可能性のある人々の母数が増えることは悪くない。しかし、それは母数に過ぎない。

多くの人口という母数を持つ自治体があるとしても、その自治体の持続になんの関心もない人々ばかりであれば、早晩、その自治体は行き詰まるか、実のところ、誰にも信任されていない政治家たちの草刈り場になる。それでもいいというなら、それも自由だ。

消滅可能性自治体の発想にはもう一つ欠けているものがある。地域は人口にカウントされる住民だけで持続するわけではない、たとえ住民が少数であっても、地域外から幅広い多様な支えがあれば、地域は持続する。

2014年の消滅可能性自治体一覧に豊島区があった。その後の取り組みによって2024年の一覧からは外れたが、たとえ、豊島区の人口がゼロになっても、豊島区の中心地域である池袋は、ぱちん！と消滅することはなかっただろう。

地域は住む人だけによって成立しているわけではない。その地域に関わろうとする意欲の総量によって成立する。

②　資源としての関与意欲を「定量化」する【修正地域参画量指標 mGAP】

地域持続のための資源である地域参画総量が抽象的な「やる気」にとどまっていては、現状を分析し、事業の成果を評価することができない。地域参画総量は、関与する人口と関与意欲の掛け算によって計算し、定量化することができる。

このときに必要な考え方に「引き算」がある。意欲のない、地域持続に後ろ向きな人の存在は、意欲を持つ人の足を引っ張るという発想だ。関与意欲を持つ人が多く存在したとしても、後ろ向きの人も相当数いるとすれば、地域を持続させる力は相殺される。

そのため、地域への関与意欲の高い人から、後ろ向きの人を数を「引き算」することで、地域に溜まっている関与意欲の総量が計算できる。どのような人を関与意欲の高い人と捉え、どのような人を後ろ向きの人と捉えるか

は地域の実情によってさまざまだろう。

　たとえば「あなたは地域をよりよくするための活動に参加する意欲はありますか。最も強い場合を10、まったくない場合を0（ゼロ）として、10から0の間で答えてください」と尋ね、10から8と答えた人を「関与意欲の高い人」と把握し、5以下の数字を答えた人を「後ろ向きの人」と考えてもいい。

　そのうえで、関与意欲の高い人が30％、後ろ向きの人が20％なら、30－20の「引き算」をして求めた10に人口を掛け算することで、地域への関与意欲の総量を測るという発送も可能だ。人口が5万人であれば、10×5＝50という関与意欲の総量が計算できる。

　同じ設問をしても、10から6を意欲の高い人とし、3から0を後ろ向きの人としてもいいだろう。全国統一にして比較することよりも、地域の変化を測ることに意味があれば、それぞれの地域で異なった計算方法を用いても、時系列で一致していれば何らの問題はないと考える。

　従来、私が提起していたmGAPは10から8をプラス、5から0をマイナスとして一律に考えていた。このプラスとマイナスを説明力を持って各地域で定めるということがmGAP改という発想になる。

　さらに、私としては「地域をよりよくするための活動への参加意欲」だけではなく、「地域を知人友人におすすめする推奨意欲」や「地域のために活動している人への感謝意欲」も重要な関与意欲だと考えている。

　また、人口についても、地域在住人口だけではなく、関与を期待する一定の属性を持つ地域外の人々の意欲を計算することも、関係人口の観点からは重要だろう。

　これらは先述した『「関係人口」創出で地域経済を潤すシティプロモーション2.0』で紹介した、修正地域参画量指標（mGAP）を参照してほしい。ただし、これも一つの考え方だ。十分な理由を持って別の計算方法を選ぶのであれば、それもいい。

③　関与意欲を創りだすために、「地域を語る力」を育てる【地域魅力創造・革新スパイラル】

　何もせずに体温だけを測っていればそれなりに重い病気が治るわけではない。ただの風邪なら放っておいて自己免疫で治癒するかもしれないが、水虫はそうはいかない。治ったと思っても潜んでいて、さらに重くなって再発する。治療したほうがいい。

　地域への関与意欲を高める方法の一つに「地域を語れるようにする」というものがある。「なにもない」まちだと述べていた人が、地域を知り、地域を語れることになったことで「なにかしたくなる」ということは少なくない。定量的なアンケートでも確認されている。

　では、どのようにすることで「地域を語れるようになる」のか、そうしたものはいくらでもあるだろう。一つの方法しかないなんてはずはない。

　例えば私は「地域魅力創造・革新スパイラル」という方法を提案する。舌を嚙みそうだ。「地域魅力創造サイクル」でも何ら問題ない。ただ、一周では終わらず、その語り方を常に「革新」することが望ましいこと、徐々にでも語り方を多様に高めていくことが意義を持つと考えることから「スパイラル（螺旋）」と名付けているに過ぎない。以前は、私自身「地域魅力創造サイクル」と述べていた。その程度のものだ。

　この地域魅力創造サイクル、おっと地域魅力創造・革新スパイラルを活用した取り組みの一つが飯南町のブランドメッセージ「余白あり。」の作成である。

　地域魅力創造・革新スパイラルは、発散・共有・編集・研磨／共創参画獲得というステージによって成立する。具体的に述べていこう。

　地域魅力創造・革新スパイラルを実現するには、まず、地域に住む、あるいは地域に多様に関わっている人々に参加を求めることが必要になる。こうしたときに多く行われる方法が公募だ。悪くない。自ら関わろうとする人々を大事にすることは重要だ。

　しかし、それだけでは足りない。公募に応じようとする人々はもともと強

図1-2 地域魅力・革新創造スパイラル

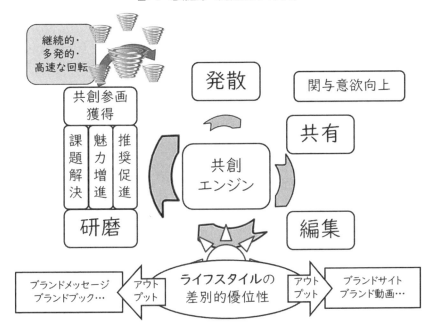

い関与意欲を持っている人が多い。地域にもともと強い関与意欲を持っている人々の数はそう多くはない。結果として、自治体の行う多くの公募に同じ顔をした人々が応募してくる。常連さんだ。

　地域魅力創造・革新スパイラルは、螺旋状に回転することによって地域への関与意欲を高めていく思考であり、方法だ。地域魅力創造・革新スパイラルに関わることによって、さまざまな人に「よく生きる（ウェルビーイングな）」ことを促す取り組みのはずだ。

　そうであるなら、もともと強い関与意欲を持っている、常連さんだけでスパイラルを動かしては、頭打ちになる。どうすればいいか。「お誘い」だ。公募もお誘いではないかと言われるかもしれない。確かに。しかし、ここではもっと積極的なお誘いを意味する。公募は「誰でもどうぞ」だ。必要なお誘いは「あなたたちのなかから誰か」あるいは「あなた」をお誘いするものになる。

具体的な例の一つに、高校生へのお誘いがある。地域内にある高校に働きかける。これこれこういうことを行うのだけれど、興味のある高校生はいませんかと誘う。「誰でもどうぞ」の公募では腰の上がらない高校生たちも、学校から「こんなことをやるようだが、興味のあるやつはいるか」と聞かれたり、「こういうの、君、どうだい？」と問われるなら、考えることもあるだろう。

　「あなたたちのなかから誰か」お誘いで気にしたいこととして「長」ではなく、できるだけ実務を担っている人にお願いできると嬉しいと伝えることもある。欲しいのは組織の意見ではない。あなたの意見であり、あなたの発想であり、あなたの関与だ。

　「よく生きる（ウェルビーイングな）」のはあなたであり、組織ではない。もちろん地域でもない。よく生きる、よく生きようとする人々を支えようとする組織や地域はある。しかし「よく生きる（ウェルビーイングな）」組織や地域はない。主語は「あなた」という「人」だ

　ストレートに「あなた」をお誘いすることも意義がある。地域魅力創造・革新スパイラルの最初の一押し、最初に転がす「ごろり」を企てた企画者が、気になる人をお誘いしていい。そのとき「なぜ、気になるんだろう」ということに意識的になれるとなおいい。「よく生きようとしている」人をお誘いするのは素敵だ。

　例えば、最近、地域に転入してきた人なんかはとてもいい。地域に長く住む人には見えていないものが見えていることがある。新たに「よく生きる（ウェルビーイングな）」機会を地域から提供することにもつながる。

　さらに雪だるまもある。唐突だった、申し訳ない。雪だるま、いや雪玉というほうがいいだろうか。スノーボール方式という人の探し方がある。雪玉が斜面を転がっていくうちに、次々と雪をまきこみ、大きな雪だるまができるほどの大きさになる、そのように人づてに人を探す方法だ。

　お誘いした「あなた」に、新たにお誘いしたい「あなた」を教えてもらう、誘ってもらう。こんな方法も悪くない。地域魅力創造・革新スパイラルの企

画者が全く知らない「よく生きようとしている」人が見つかることが期待できる。

ストレートに「あなた」をお誘いする方法に「くじびき」がある。無作為抽出アンケートで回答者を選ぶことと同じだ。ある程度の属性別に抽出できた人々にお手紙を出す。これこれこういうことを行うのだけれど、興味のある方はいませんかと誘う。

多くの人が参加しようと思うわけではないだろう。それでもゼロとは限らない。「あなたが選ばれました」という言葉に反応する人もいる。「地域に生きる人々がよりよく生きる（ウェルビーイングの）ために、他でもない、まさに、あなたの力が必要だ」と伝えることは。地域の中の物語を用意し、その主要な登場人物になってみてはどうかというお誘いである。

くじ引き民主主義という考え方がある。吉田徹が『くじ引き民主主義政治にイノヴェーションを起こす』で紹介している。投票による間接民主主義が十分な機能を果たせない状況において、くじ引きによって選ばれたものが十分に情報を得て、議論し、一部の施策を決定する。そのような形で行われることもある。

私たちは代表されるだけの存在ではない、自らが決定する存在として「よく生きる（ウェルビーイング）」、そういう機会が数多く、多様な人々に準備される地域はイケている。

さらに、呼びかける人を、その地域に住んでいる人に限る必要はない、限らない方がいい。働きに来ている人、過去に住んでいたが今は離れている人、地域にある高校の出身者で大学進学により別の場所に暮らしがある人たちにも関わってほしい。場所や時期、時間に心を留めることで、そうした人々の関わりも可能になる。

このようにして、集まった人々によって、地域魅力創造・革新スパイラルの最初の一周であるワークショップはごろりと動きだす。

とはいえ、閑話休題としては、いささか長くなった。この続きは、次章の福井県坂井市の取り組みに関わって述べていこう。

第2章

名付けることの
安心と落胆と
支配と革新

> ## 章のはじめに

　ずいぶん昔のことだ。東北の山深い道を一人で歩いていたことがある。いや、違う。山は深かったが「山深い」という印象をそれほどには持っていなかったのは、道の近くに川が流れていたからだろう。美しい川だった。

　季節はいつ頃だっただろうか。青葉があり、暑熱や寒さに悩まされた覚えもない、むしろ爽やかという印象をもっていたはずだから、5月ぐらいだったのかもしれない。

　しかし、私は道を歩きながら、なんとなく不安な気持ちを抱えていた。道に迷っていたわけではない。この道をそのまま歩いて行けば、目的地に着くことはわかっていた。もちろん、悪漢に追われていたわけでも、財布をなくしたわけでもない。

　わからなかったのだ。

　今、歩いている道が、すぐ横を流れている川が、何という名前なのかがわからなかった。今であればスマートフォンの地図アプリを確認すればいいとわかる。しかし、そのときは、ただ歩きながら「ここは何という名の場所なのだろうか」とだけ思いながら歩いていた。そこから生まれる漠然とした不安が歩を急がせていたようにも思う。

　しばらくして、すれ違った男性が、誰に言うともなく「奥入瀬川」と口にした言葉を聞いた。そのとき、まるで憑き物が落ちたように不安が消えた。さきほどまで、私の背中にひっそりと憑いていた、なんとなく妖しいものが、ふっといなくなった、いなくなってしまった。

　気づけば、私は奥入瀬渓谷を歩く、ただの徒歩旅行者になっていた。そのときの落胆も覚えている。さっきまでの宙ぶらりんな不安は、言い換えれば、どうなっているんだろうというわくわくにもつながっていた。

　私は、背中に憑いていた妖しいものに、実は意欲をもらっていたのかもしれない。どしどしと、あたかも処女地を開くようにこの道を歩いて行こうと

する意欲ということもできるだろう。しかし、そこが既に名付けられた場所であることを知ったときに、背中の憑き物はふっと消え、私は誰でも知っている場所を歩く数百万人めの一人になった。

　名付けとは支配である。名付けられない間、その「あるもの」「ある場所」は不思議な、形を持たず常に変化する存在だ。しかし、名付けられた途端に、その形、その存在は、名付けたものによって固定される。「ああ奥入瀬か」。

　甘えてはいけない。「ああ奥入瀬か」じゃない。おまえは奥入瀬の何を知っているのか。勝手なイメージに寄りかかっているだけの存在になっていても仕方ない。一義的な、権力による名付けに「はてな」をつけていく、制度による名付けを受け入れつつ、その中身を多様化させ、時に掘り崩し、時に豊富化することはできないのか。

　フランス19世紀の画家、エドゥアール・マネに「草上の昼食」という作品がある。何が描かれているのか。深い森の草の上で、着衣の男性が二人、裸の女性が一人、座り込み、その奥には、こちらは薄衣の女性が膝を折っている。

　画面の左に、女性が脱ぎ捨てたのだろう服とバスケットからこぼれた食べ物が描かれている。この食べ物を見れば「草上の昼食」というタイトルは納得できる。しかし、当然ながら、エドゥアール・マネが描いたのは「草上の昼食」かもしれないが、「草上の昼食」にとどまるものではない。

　エドゥアール・マネはこの作品で、それまでの美術史において当たり前だったイメージをひっくり返している。それまで、裸の女性は神話のなかの存在、あるいは歴史の中の存在だった。そういうお約束のもとで、人は、おそらく男は、全裸の女性を芸術として堪能していた。

　エドゥアール・マネが描いた全裸の女性は、同じ時代に生きる、今ここにいる女性だ。それまで描かれたことのない女性である。同じ全裸でありながら、この作品は大きな批判を得た。「草上の昼食」は単なる草上の昼食ではない。妖しい憑きものを保持して世界を刺激する昼食だった。

　しかし、エドゥアール・マネの「草上の昼食」が当たり前の名作になれば、

その憑きものは落ちる。21世紀の今、「草上の昼食」は美術館に収められ、単に有名な絵画作品になり、見られる存在として飾られることになる。

2024年、ユーイチロー・E・タムラは、パシフィコ横浜で開催されたアートフェア Tokyo Gendai において、パフォーマンス「草上の休息」を披露した。このパフォーマンスは明らかに「草上の昼食」をオマージュし、攪乱することでエドゥアール・マネの憑きものを復活させる。

地域のありようを示す、地域にどのような力があるかを示すために、ブランドメッセージを創出し、語れるまちにすることは意義を持つ。人は語ることで地域を意識化し、多様な関与意欲を持つことが可能になる。

何やらわからないものに関与することは難しい。だからこそ、名付ける、ブランドメッセージを作る。しかし、それは、常に革新しなければならない。言い換えれば革新を可能にするために、まず名付けるということさえできる。

いったん名付けられ、名付けたものに支配されかけた地域を、人は不断に見直し、革新する。それによって、人は物語の登場人物になれる。誰かが支配した場所で生かされるのではなく、自ら、場所を革新する主語としての存在になる。そう「よく生きる（ウェルビーイングな）」ことが可能になる。

ブランドメッセージを作ったとして不可蝕のものとして神棚に上げてはならない。ブランドメッセージをオモチャのように使いこなすことで、時に革新することで、ブランドメッセージは意義を持つ。

奥入瀬とは果たして何か、奥入瀬に私「らしい」言葉を付け加えることで、読み直すことで、新しい面貌を生み出すことはできないのか。そう考えることで、私の一歩一歩は、ゆらゆらと動き出す。いつのまにか背中には、何やら妖しいものがニヤリと笑いながら憑いている。さて、歩こうか。

> 事例
> 地域の魅力を語れる若者を増やす
> インナーブランディング

福井県坂井市　**小玉悠太郎**（一部補記 河井）

　坂井市は福井県の北部に位置し、県内随一の穀倉地帯である坂井平野が広がる「コシヒカリのふるさと」です。その他、若狭牛、甘えび、越前がに、越のルビー、メロン、梨、花らっきょう、越前そば、油揚げ、焼き鯖寿司など豊かな食に恵まれてもいます。

　地場産業である越前織による織ネームは国内シェアの約80％を占めています。また、世界三大絶勝「東尋坊」に代表される海岸線や、現存十二天守の一つで奇跡の修復城「丸岡城」を有する県内随一の観光地です。

　坂井市は、観光地、特産品、歴史文化、自然など、多様な魅力を有しているにもかかわらず、その魅力を一言で表す言葉を見つけることができないでいました。

　ある時、20代前半の若者に「坂井市のいいところってどういうところ？」という問いかけをしたところ、「んー、ないっすね。坂井市には来るなっていいます。」という返答を受けたとき、とても悲しい気持ちになるとともに、行政としての責任を感じました。

東尋坊

この若者が坂井市の魅力を語れないのは、坂井市が市の魅力を言語化できていないことが根底にあるうえに、その魅力を坂井市で暮らす若者が体験する機会や情報を十分に提供できていないことが原因であると感じました。

　そのため、坂井市は市の魅力を言語化し、市の魅力を体験できる機会を提供し、その魅力を語ることのできる若者を増やすための取り組みを開始することとしました。

　2023年、このような背景があり、なんでもある坂井市の『なんでも』を言語化するインナーブランディング事業を、本書の編者でもある河井孝仁から助言も得ながら、立ち上げました。

　初年度の取り組みとしては、計6回のワークショップ（SakaiDeepSessions）と、計3回のフィールドワーク（SakaiDeepCaravan）を通じて、坂井市のブランドメッセージ・ロゴ・キャラクターの3点を誕生させることが目的となります。

　この取り組みには、高校生、大学生、社会人、起業家、フリーランス、公務員、議員、地域おこし協力隊、元アイドル、ご当地ヒーローなど、10〜40代の延べ62名の若者が幅広く参加することとなりました。

　初回のワークショップには39名の若者が集まり、ヒト・モノ・コト・トコロ・シゴト・ワザ・カコ・ミライ・クウキの9つの視点から、1人20個の坂

ワークショップ

井市の魅力を共有しました。

　若者向けのワークショップを開催するにあたり、参加数を増やすうえで、工夫している点が2つあります。

　1つ目は、「メンバーを固定しないこと」です。前述の通り、本事業は計6回のワークショップと計3回のフィールドワークを開催するため、全9回のシリーズになります。この各9回について、その都度参加者を募りました。「どの回から参加しても問題ない」と銘打って新しい参加者が毎回参加することで、参加者の総数を増やすことができます。続き物のワークショップでその全ての回に参加しなくてはいけないという制約があると、若者が参加するハードルがぐっと上がってしまいます。

　この時発生する課題が、当然ですが「新メンバーはそれまでの経緯や進捗が分からない」という点です。そのため各回の冒頭で、既存メンバーが新メンバーにこれまでの経緯を細かく共有する時間が発生します。

　この時間こそ、市の魅力を言語化していく上で重要なプロセスなのです。あえて、都度新メンバーを加えることで、既存メンバー自らの言葉で坂井市の魅力を語っていく、このようにして、参加者全員が坂井市の魅力を真に理解し、発信できる土壌を整えていくのです。

　2つ目は、「市役所や公共施設を会場としないこと」です。行政が主催す

ポスターセッション

るワークショップの会場は会場使用料の都合などから、市役所や公共施設になりがちです。しかし、こういった場所を会場に選ぶと、無機質な会議室で無音のワークショップになってしまいがちです。

　若者を集めるにあたり、場づくりは非常に重要であり、魅力的な会場や雰囲気を募集の時点で伝えることは、参加数や継続参加率に大きく影響します。

　そのため、本事業では、地元企業のカフェスペースを借りてワークショップを開催しました。会場にはスピーカーを持ち込み、BGMとしてカフェサウンドなどをかけて雰囲気づくりを入念に行います。近年の企業は従業員向けのカフェスペースを有していることが多く、観葉植物やおしゃれな壁紙など、内装にこだわっていることが多いです。

　この場をワークショップの会場として開放いただきました。会場使用料を事業費に計上し、終了後に使用料を支払います。坂井市の企業も坂井市の魅

企業のカフェスペースでのワークショップ

力を構成する要素の一つです。会場となる企業には毎回、冒頭で普段どのような事業を行っているかの説明をいただきました。

　このような形で若者が地域内の企業を知るきっかけを作ることも、若者が地域を語るきっかけを増やすうえで重要であると考えています。また、このようなきっかけで、企業に就職する若者がでてくるかもしれません。

　ワークショップは、初回に約800個の坂井市の魅力を共有してスタートしましたが、2回目を開催する前に、3回のフィールドワークを挟んでいます。机の上だけで魅力を共有された状態では、真にその魅力を理解できないため現地に足を運びます。そこにいるヒトから話を聞き、自らがモノやコトを体験することで、初めて人に語りたくなるのです。

　例えば、坂井市三国町のナポリピッツァの名店「BIRDLAND」のピッツァは、普通に食べてももちろん美味しいのですが、オーナーの小田原学さんから、開業に至るまでのストーリーや真のナポリピッツァへのこだわり、さらには普段は見れない窯の前での実演などを体験したうえで、食べるピッツァは格別であり、格別であるからこそ人に語りたくなるのです。

　フィールドワークを通じて、計21箇所に実際に足を運び、坂井市の魅力を体験した若者たちは、坂井市の魅力を表す言葉として「らしさ、かがやく。」というブランドメッセージにたどり着きました。

　坂井市ブランドメッセージ「らしさ、かがやく。」は、メインメッセージ、

フィールドワーク

> らしさ、かがやく。
> 好きにまっすぐ。このまちで広がる未来。
>
> 学校の外に飛び出し、まちを知る高校生がいる。
> 受け継がれた祭りやものづくりを支え、伝える職人がいる。
> 海や山、田畑で汗を流し、豊かな食を届ける生産者がいる。
> まちの歴史や宝を未来につなぐ、地域の先導者がいる。
> 遠くからふるさとを思い、夢に向かう人たちがいる。
>
> 福井の北にある坂井市は、
> 自然の雄大さと都市のにぎわいが調和するまち。
>
> 仕事、学び、子育て、遊び
> 多様な文化や好奇心が生まれる人との出会いで
> どんなものにだってなれる。
> どんな生き方だってできる。
>
> いくつになっても、らしくいられるまち。
> それが坂井市です。

ブランドメッセージ

サブメッセージ、ボディメッセージの3点から構成されています。全行程に同行したコピーライターの協力のもと、4つのブランドメッセージ案にまとめ、Webアンケートにより1614票の投票の結果決定しました。

　さらにデザイナーの協力のもと、坂井市ブランドメッセージから浮かび上がるイメージを掴むことにより、ロゴマークが完成しました。3面鏡から無限の世界が広がる万華鏡をモチーフにしたロゴマークは、くるりと回せば世界が変わり、また違った輝きが生み出されます。

　カラーは坂井市合併前の旧4町のイメージと掛け合わせており、どんなカラーリングも表現できるCMYKで表現しています。このロゴマークは、「○○らしさ」に入る言葉によって、坂井市の多様な魅力を表現することが可能です。

　ブランドメッセージやロゴを作ることは、坂井市の魅力を言語化するツールを作成したに留まり、ここからが本事業の本当の意味でのスタートになります。編者の河井の言葉を借りると「ブランドメッセージを神棚に上げないよう。」このツールを活用し、若者が坂井市の魅力を語る環境を整えていく

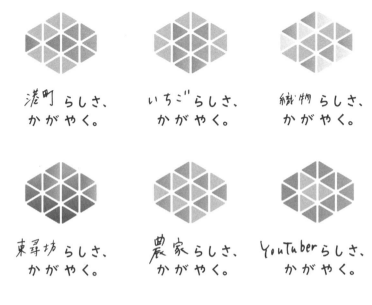

ブランドロゴマーク

必要があります。

　そのような状況下でベンチマークにしたのが本書にもコラムの寄稿がある、奈良県生駒市の「いこまち宣伝部」です。これを坂井市版にアレンジした情報発信の取り組み「坂井市らしさキャラバン」を2024年に結成しました。

　「坂井市らしさキャラバン」は平均年齢22.5歳の13名で構成しています。メンバーはスマホでの写真の撮り方や、記事の書き方、ウェブページ上でのブログの一種であるnoteの使い方について、講師からレクチャーを受けます。本事業では若者が楽しんで情報発信していく上で3つの工夫をしました。

　1つ目は、「チームを形成すること」です。本事業は取材をして、記事を書く取り組みなのですが、個人で取材に行くのではなく、チームを組んで複数人で行うことにより、同年代で楽しみながら取材を行う環境を作りました。

　1回のキャラバンで最大6人が3か所の魅力をまわり、取材担当者の様子を他の参加者が横で見ていることができます。自分の担当する取材で気づか

なかった魅力にも触れることができるほか、他のメンバーの取材の方法を知ることができます。

　2つ目は、「情報発信ツールとして個人のnoteを選択したこと」です。情報が流れていくフロー型のSNSであるXやInstagramと異なり、情報が蓄積されていくストック型のSNSであるnoteは会員登録がなくとも多くの人の目に触れることができます。

　坂井市の公式noteでは、各個人が書いたnoteを坂井市公式アカウントがまとめて発信するという体制もとっています。

　メンバーの任期が1年間であるため、公式noteの管理者権限をメンバー期間に限って委ねる方法では、管理者権限がある1年間だけはnoteの更新ができても、「坂井市らしさキャラバン」メンバーとしての活動が終わったタイミングで、それまで発信していた場所を失ってしまいます。

　メンバーが初めから個人のnoteに投稿し、その内容を坂井市公式アカウントがまとめて発信するという方法をとることで、「坂井市らしさキャラバン」のメンバーとしての任期が終わった後も、それぞれの個人として坂井市に関わる情報発信が継続されることが期待できます。

　この取り組みは、坂井市がnote株式会社と連携協定を締結するこにより、全面的な協力を得られることで実現できています。

らしさキャラバンメンバーの集合写真

3つ目は「ブランドロゴで、らしさを表現すること」です。記事では、取材先の魅力をブランドロゴを使って表現することをルールにしています。

取材者である若者は、取材した事実をただ記述するのではなく、「らしさ、かがやく。」ブランドロゴを活用して、取材先の魅力を、それぞれの思いで表現します。これによって、取材先の「らしさ」と取材した若者の「らしさ」の二重の「らしさ」が見えてきます。このようにすることで、取材した若者らしさを記事に落とし込み、坂井市の魅力を発信していきます。

坂井市公式 note で本事業の詳しい説明や、メンバーによる取材記事を紹介しています。坂井市公式 note は、https://fukui-sakai-city.note.jp から読むことができます。

この事業を紹介する上で欠かせない存在としてブランドロゴと同時に誕生した坂井市公式キャラクター「坂井ほや丸」がいます。紙幅の制限により、ここでは詳しい紹介ができないことが残念ですが、どのような活動をしているかは、坂井ほや丸の公式Xである https://x.com/fukui_sakai をご覧ください。

坂井ほや丸

以上の取り組みは「坂井市の魅力を語る若者を増やすこと」を目的としています。坂井市の魅力を語る若者を増やすということは、地域に愛着をもち、地域と積極的にかかわる若者を増やすことに直結すると考えています。

　事業の効果検証の手法として、河井の提唱する mGAP を取り入れています。2023年、事業開始にあたっての原点となる意欲値を住民アンケートにて把握しています。今後、note による情報発信を通じて、本事業に参加した若者や、記事を読んだ方の意欲値がどのように変化していくかを定量的に把握し、効果検証を行っていく予定です。

　坂井市のことを語ることができ、坂井市に愛着をもって暮らしていく若者が増えることにより、積極的なまちづくりが継続していく街になることを目指していきます。

これもまた長めの
閑話休題

　島根県飯南町の取り組みに関わっての長めの閑話休題で、地域魅力・革新創造スパイラルについて述べた。そのとき「とはいえ、閑話休題としては、いささか長くなった。この続きは、福井県坂井市の取り組みに関わって述べていこう。」としたはずだ。約束を守ることにしよう。

　「あなた」に関わってほしいと呼びかけ、集まってくれた人々によって、地域魅力創造・革新スパイラルを実現するワークショップはごろりと動きだす。

　このときに重々気をつけなければならないことがある。参加者はワークショップ、あるいは行政がワークショップに求める成果のために存在するのではない。飯南町や坂井市のブランドメッセージをつくるために参加者がいるわけではない。

　参加者が「よく生きる（ウェルビーイングの）」ためにワークショップという道具がある。その副産物としてブランドメッセージがあると考える。もしくは、ブランドメッセージをつくる過程によって、参加者が「よく生きる（ウェルビーイングな）」ことになる、そのことを頭において、ワークショップを進めるということだ

　地域魅力創造・革新スパイラルを回すワークショップは、愉快な場所でなければならない。参加しやすい場所であることが期待される。そのためにもいくつかの工夫が求められる。例えば会場だ。殺風景な役所の会議室で行うワークショップは愉快になりにくい。

　地域には様々な魅力的な場所があるだろう。最近開店した古民家カフェは使えないだろうか、道の駅にはスペースはないか、地域に立地する企業が社員向けの興味深い場所を持っていないだろうか。文化財に併設された会議室はないだろうか。

　地域魅力創造・革新スパイラルを回すワークショップは一度だけではない、何回が行うことが必要になる。いつも同じ場所で行う必要もない。むしろ、

できる限り同じ場所では行わないことがお勧めだ。参加のたびに発見がある。ワークショップをルーティンにしてはならない、どこにワクワクを仕込むのか、考えてほしい。

確かに制約はあるかもしれない、役所の同じ会議室でしか開催できない致し方ない理由があるかもしれない、仕方がない、ことはない。その会場には、小さな音で音楽が流れているだろうか、カフェミュージック？、お祭りの音頭？、せせらぎなどの環境音楽？。思考を邪魔しない程度の音楽は、場をいきいきとさせる。リラックスして出会える場所によって、参加者は「よく生きる（ウェルビーイングな）」ことができる。

会場には、ちょっとしたお菓子やお茶、コーヒーはあるだろうか。できれば、地域に、美味しい焼き菓子を作っているお店はないだろうか、こだわりのお茶を煎れているお店はないだろうか、コーヒー豆に自信を持っているカフェはないだろうか。そうした工夫が場を愉快にする。

地域魅力創造・革新スパイラルを回すワークショップの参加のありようも大事になる。ワークショップは効率的に行おうと思ってはならない。手戻りを厭わない、いや、手戻りが大事になる、手戻りを歓迎する。手戻りすることによって振り返る時間をつくることが意義を持つ。

結果としてブランドメッセージ案ができあがるだろうワークショップは数回にわたって行われる。そのとき、参加者を固定しなければならない理由はない。もちろん、5回のワークショップすべてに出かけてくれる参加者は大歓迎だ。しかし、2回目までしか参加できない方がいてもいい、4回めからしか参加できない方がいてもいい、第3回しか参加できない方も悪くない。様々な人がさまざまに参加し、「よく生きる（ウェルビーイングな）」一瞬を体験することが必要だ。

そのためには時間も重要になる。5回とも平日の午後に行うことはおもしろくない。第1回は週末の午後から、第2回は平日の夕方から、第3回は平日の午後、第4回はもういちど平日の夕方、そして第5回は再び週末の午後に開く。高校生に参加を求めるのであれば、夏休みの期間をどう使うかを考

えても楽しい。これによって、多様な人々の「よく生きる（ウェルビーイング）」に貢献することができる。

　地域魅力創造・革新スパイラルを回すワークショップは数回に分けて行われると述べた。それぞれの回の目標は何かを問われることが少なくない。当然だ。大きな方向性と、それぞれの回で期待することを明らかにしなければならない。が、縛られてはならない。ここが大事だ、縛られてはならない。

　全体の方向性を見据えつつも「第1回はここまで行わなければならない」を緩く設定する、できれば、敢えて「終わらせない」ようにしたい。「まだ、ここは終わっていない」という隙があることで、第2回に、その回だけ参加する人が、その回から参加する人が、何をしていいかわかりやすくなる。

　それ以上に、第1回の参加者で第2回にも来てくれた人が、第2回から来た人に「教える人」になれる。教える人になれるということは意味ある人になれるということだ。そう、それは小さな物語の主人公になれることを意味する。「よく生きる（ウェルビーイングな）」ことがそこに生まれる。

　つまり、地域魅力創造・革新スパイラルを回すワークショップは、リエゾンという発想が求められる。リエゾンは、フランス語で、ある単語をそれだけでは読む場合には発音されない最後の音が、文として直後に母音が続くときには発音されてしまう現象のことらしい。

　日本語では「連音」「連声」とも言うようだ。ひとつずつの漢字としては安（あん）、穏（おん）が安穏になると（あん【の】ん）となるものが連音・連声の例とされる。終わったはずの言葉が、次の言葉によって垣間見える様子、終わったはずの言葉が、実は次の言葉に影響を与える様子。

　人形浄瑠璃文楽の太夫の語りでも興味深いことがある。例えば、源氏の大将、八幡太郎義家と、東北奥州の覇者、安倍貞任・宗任兄弟の対立を描く時代物狂言「奥州安達原」を例に紹介しよう。

　この狂言のうち、「朱雀堤の段」において太夫は、安倍貞任の妻である敷妙（しきたえ）が零落して盲目となり、娘のお袖とともに雪中に突き転ばされた様子を語ったあと、「親子手を取り雪の足、跡を慕うて」で不意と語り

を終わる。いささか中途半端だ。「跡を慕うて…」、どうするんだい。気になるじゃないか。心が残る。

ここで盆回しという仕掛けで太夫と三味線が替わり、続く「敷妙使者の段」になる。替わった太夫はまず「辿り行く心のうちこそ哀れなれ」と語り出す。

本来、一つの文である「親子手を取り雪の足、跡を慕うて、辿り行く心のうちこそ哀れなれ」を真ん中で切って、「親子手を取り雪の足、跡を慕うて」までを前の太夫が語り、次の太夫は「辿り行く心のうちこそ哀れなれ」を継いだ上で、語り始める。

人形浄瑠璃文楽では、こうした語り方が一般的に行われる。終わらせず、切りをつけてしまわずに、前の段に心を残させ、次の段に期待をつなぐ。端的に言えば、繋ぎ糸であり、リレーのバトンと考えてもいいだろう。それぞれの回でリレーのバトンを残しておくことを十分に意識することによって、ワークショップは、活き活きとつながる。

当然、こうしたワークショップの様子は、ウェブサイトやSNS、時にはチラシなどの紙媒体など多様なメディアで見える化しておくことが必要になる。地域魅力創造・革新スパイラルを回すワークショップは、各回の参加者だけに閉じられているものではない。地域に住む、地域に関わる多様な人々にとっても開かれたものである。

このように情報が開かれていることで、次回だけ参加する人、次回から参加する人にとっても、参加のハードルを下げることにもつながっていく。

地域魅力・革新創造スパイラルの各ステージについて述べていこう。最初のステージは発散である。発散ステージでは、地域の魅力を閉じ込めず、発散する。それぞれの心のなかにある気づいていない、気づけていない地域の魅力を、仕掛けによって浮上させる方法になる。仕掛けは数と種類だ。私が多くの地域で地域魅力・革新創造スパイラルを実現させるために行っている方法を示す。

まず、「あなた」に関わってほしいと呼びかけ、「行ってもいいよ」と答え

てくれた人々に宿題をお願いする。

「あなたが住む、関わる、今回のフィールドとなる地域の魅力を20考えてきてください。その20の魅力には、人（ヒト）、物（モノ）、催事・企画・祭（コト）、場所（トコロ）、仕事（シゴト）、技術・技能（ワザ）、歴史（カコ）、未来（ミライ）、雰囲気・香り・空気・気候（クウキ）を必ず用意してください。」

「考えた20個の魅力それぞれを付箋1枚に1つ、マジックペンで書いてきてください。このときに、それぞれの魅力がどの種別に当たるのかを付箋の肩に加えてみましょう。」

「20の魅力には、あなたが住む、関わる地域の中には無いけれど、ちょっと出かけることで、オンラインで享受できる魅力を加えることも素敵です。人は地域の中に閉じて生きているわけではありませんから。」

「20の魅力とは別に、地域に関わる機会（カンヨ）も考えてみてください。地域に関わる機会は、必ずしも「まちづくり活動」への参加には限りません。地域の人々が幸せになる、少しでも気持ちが良くなる行動、取り組みでOKです。」

「例えば、消防団活動、自治会への参加やPTA活動、首長・議員選挙での投票、地域のお祭りへの参加、隣人の苦境を民生委員に連絡する、横断歩道での通学時の旗振り、地域への訪問や定住のおすすめ、それらの活動を行っている人々への感謝なども、地域に関わる機会です」

この宿題は、ワークショップを適切に運営するためという以上に、「行ってもいいよ」と答えてくれた人に、地域を発見してもらうことを意図している。ヒト・モノ・コト・トコロ・シゴト・ワザ・カコ・ミライ・クウキ・カンヨという種別を必ず含めようという提起は、「魅力」という言葉で想像できる範囲を拡張するためのものだ。

普段何気なく暮らしている、考えている地域、「なにもない」と思っている地域を意識化し、わくわくしてもらうための準備になる。

わくわくすることは「よく生きる（ウェルビーイングの）」ためのエネ

ギーになる。何らかの物語の主人公になるための燃料がわくわくした気持ちだ。わくわくをどのように作り出し、そのわくわくを地域の物語につなげていく。この取り組みもそうした意味を持っている。

　先にも述べたように十分に工夫された、気持ちのいい、愉快な場所に、ヒト・モノ・コト・トコロ・シゴト・ワザ・カコ・ミライ・クウキ・カンヨを持ち寄った参加者が集う。4人から6人程度のグループに分かれ着席する。各テーブルに用意された模造紙が広げられる。

　模造紙には、参加者が地域の魅力や関与機会をマジックペンで書いた付箋が、ヒト・モノ・コト・トコロ・シゴト・ワザ・カコ・ミライ・クウキ・カンヨの種別ごとにまとめられて貼られていく。「こんなものがあるんだ」「ここ、知っています、行ったことがある」「これ、いつできたんだっけ」、様々な言葉が、用意されたお菓子をつまみながらなどして飛び交い、模造紙上の付箋は増えていく。

　ここで、企画者側が行政であった場合に行う工夫がある。行政が総合計画などで明らかにしている構想があるはずだ。その構想に記された内容を、種別「ミライ」の付箋として、参加者にことわりつつ、紛れ込ませる。

　これによって、限定された参加者の発想にとどまらない、民主主義的に選ばれた首長が考える地域としての方向性を提示できる。ただし、今後のストーリー作成において、この付箋が利用されるかどうかはわからない。

　模造紙を囲んだ参加者たちは、付箋を一枚一枚確認するように促される。もしも、よくわからない内容があれば、そのままにせずに、記したものに十分な説明を依頼する。それによって、少なくとも机上では十分な共有が実現できる。

　地域魅力・革新創造スパイラルの各ステージのうち、発散について述べた。まだまだ、共有、編集、研磨・共創参画獲得の各ステージが残っているが、とりあえず、第2章の閑話休題はここまでにしよう。

第 3 章

パンと
サーカスがあれば
「よく生きる（ウェルビーイング）」
なのか

章のはじめに

　「パンとサーカス」という言葉がある。古代ローマ時代の詩人が残した言葉とされる。権力者が、パンという食糧とサーカスという娯楽を民衆に与えておけば、民衆はそれに満足し、政治的な無関心をつくることができるという意味と解くことができる。

　パンとサーカスを与えられた人々は幸福だろうか。パンとサーカスがふんだんに与えられた地域の「地域幸福度」は高いのだろうか。地域幸福度なるものを上昇させるにはパンとサーカスを与えていれば、それでいいのか。わからない。しかし、食糧と娯楽だけがあれば「よく生きる（ウェルビーイングな）」ことができるとは思わない。

　娯楽と芸術は何が違うのか。簡単なものが娯楽で、小難しいものが芸術だろうか。笑えれば娯楽で悲しめば芸術だろうか。私たちは同じ映画を娯楽としても芸術としても考えることができる。

　受動と能動という対義語が利用できる。娯楽は受動にとどまり、芸術は能動を促す。いや、ヴィンセント・ゴッホの作品にトマトスープを投げつけることが能動であり芸術だと述べているわけではない。私としてはトマトスープはあまりおすすめしない。

　モナ・リザにスープをかけた環境活動家と称する人々は、レオナルド・ダ・ヴィンチ、あるいは、彼の工房が制作した絵画を娯楽作品としてしか見ていなかったか、あるいは、スープを投げつけることで、娯楽作品となっていたモナ・リザを芸術にしようとしたのか、どちらだろう。

　能動と受動の話に戻る。芸術は能動を作り出すものだ。

　オラファー・エリアソンという美術家がいる。2023年に東京の麻布台ヒルズギャラリーの開館記念として個展を行っている。麻布台ヒルズには常設のパブリックアート作品もある。『美術手帖』という雑誌に、京都大学の篠原雅武によるエリアソンへのインタビューが掲載されている。エリアソンはそ

のインタビューに答えて、こんなことを話している。複数の「いま」についての話だ。

「私の「いま」、あなたの「いま」は、私の旅、あなたの旅と関連していて、私たちはそれぞれに複数の旅をしているわけですが、こうやって私とあなたが出会うのは、交差点において複数の「いま」が交錯する、ということでもあります。」

ここでも旅について言及される。私たちはそれぞれの旅を生きる、そしてある一瞬、その旅が交わり、再び離れていく。地域とはそういう場所だ。定住者同志なら何回でも出会うかもしれない、しかし、それぞれの物語は常に進展し、変化している。その意味では地域は一瞬に満ちている。

そのことに意識的になれば、多様な「よく生きる(ウェルビーイングな)」「よく生きようとする」物語が出会い、スパークする。スパークすることで、それぞれの物語が次に向けて活発化する。そうした場として地域をつくることが必要になる。

ところで活発化は英語で言えば Activation になる。Activation には別の訳語も当てられる。活性化だ。気づいただろうか。「地域活性化」とは、そういうことだ。多様な「よく生きる(ウェルビーイング)」「よく生きようとする」物語を紡ぐことができるように支え、多様な「よく生きる(ウェルビーイング)」「よく生きようとする」物語が出会い、スパークする場を設える。地域活性化を定義せずに使ってはならない。

ああ、能動の話だ。エリアソンの作品を見たときに、こんなことを灰色の脳細胞でエルキュール・ポアロよろしく考えることも能動だ。これはおそらく権力者が与えたいサーカスではない。

暗闇でキャラメル味のポップコーンを食べながらスクリーンを眺めているときに、あなたの灰色の脳細胞が「よく生きる(ウェルビーイングな)」ために、どのような物語を生きようとするかについて考えていれば、そこにあるものはサーカスではない。

市民会館や文化ホールで行われているものは、パンとともに提供される

サーカスだろうか。茨城県小美玉市にある「みの〜れ」という文化ホールでは物語が作られている。

　小美玉市職員だった中本正樹のコラムには、一瞬に満ちた地域が語られている。

> **事例**
> ## みの〜れライフが作り出すもの

Nakamasagas（なかまさがす）代表　**中本正樹**（一部補記 河井）

　小美玉市は、2006年に、小川町、美野里町、玉里村が町村合併して誕生しました。小美玉市は、自らをダイヤモンドシティ小美玉と呼称しています。

　この呼び方には、小美玉市の地域資源や住民一人ひとりの可能性を「小」さく「美」しい宝石（「玉」）の王様であるダイヤモンドに見立てて磨き上げ、光をあてて輝かせていくまちになるという想いが込められています。

　東京都心から北東へ約80km、茨城県のほぼ中央部に位置し、起伏も少なくほぼ平坦な地形で、南部は霞ケ浦に接しています。市内にある航空自衛隊百里基地が民間共用化され2010年に茨城空港が開港しました。国内は札幌、神戸、福岡、那覇に、国際線はアジア圏にLCCが就航しています。

　日本を代表する酪農の里で搾る生乳を新鮮なうちに加工するヨーグルトが特産品で、2018年には第1回全国ヨーグルトサミットを開催し2日間39,000人が来場しました。養鶏も日本トップクラスの産出量を誇り、生乳と鶏卵から作られるプリンも人気があります。

　通年出荷できるニラ、レンコンも特産品であり、和紙のつなぎの役割を果たすトロロアオイは全国シェア7割を誇っています。さらに、絵本「モチモチの木」「花咲き山」で知られるきりえ作家滝平二郎の生まれ故郷でもあります。

　近年は、全国初のシティプロモーションアワード金賞、全国広報コンクール映像部門2019特選、2021入選、同広報紙部門2022入選、2023入選2席、全国シティセールスデザインコンテスト2020大賞など、クリエイティブ分野の活躍が目覚ましいまちでもあります。

　このまちには「小美玉市四季文化館みの〜れ」という施設があります。2002年11月3日文化の日に開館しました。

その6年前、「文化センターづくりは新たなまちづくりの実験場」「対話の文化を継承する人材育成拠点」と掲げて構想段階から延べ3,000人が参画し、施設の必要性、理念、将来の活用法など、建設までのプロセスを重視して進めてきたことが評価され、旧建設省「対話型行政推進賞（2000年）」を受賞しています。

　当時、建設に反対した方たちの声や開館までの紆余曲折を住民自身の手で執筆した本「文化がみの〜れ物語（2002年　茨城新聞社）」を発刊したことも特徴的です。

　こけら落としは、このために結成されたみの〜れ住民劇団「演劇ファミリーMyu（みゅう）」による公演でした。演目は、キャスト・スタッフ総勢150名による住民ミュージカル「田んぼの神様」です。

　開館1年後には4部門7組織による文化ボランティア組織「みの〜れ支援隊」が発足。開館8年目には、「まちづくり人材育成に功績があった」として、財団法人地域創造による全国表彰「地域創造大賞（総務大臣賞）」を受賞しました。

　開館20年目を迎える2022年、「ハタチからのみの〜れ改革」を住民主体で実行し、次年度から企画競争方式かつ独立採算方式に体制をリニューアルし、住民アーツカウンシルのもと真の住民主体による事業企画運営を目指し、現在も改革を進めています。

　市民会館や文化ホールと聞いたら、誰もが思い浮かべるだろう「有名人の

みの〜れ外観

公演にチケットを買って行くところ」という姿とは一線を画しているのが、茨城県にある小美玉市四季文化館みの〜れです。

ここでは、大小さまざまなプロジェクトが市内外から集まる住民たちの手によって運営され、誰もが企画を創造する側に参加参画することができます。

全国の公立文化施設から「住民参画と言えばみの〜れ」「対話と言えばみの〜れ」と認知され、研修や視察依頼は年30件を超えています。

みの〜れのミッションは「つどう、つなぐ、つくる」。「みの〜れパートナーズ」という14プロジェクト262人の住民たちが、毎晩のように入れ替わり立ち替わり出入りし、さまざまな企画を実現するプロセスにおいて、対話

Myu ミュージカル

対話による企画立案の場

による合意形成という創造性を発揮している、稀有な存在になっています。

みの〜れのウェブサイトには、みの〜れで活動する人物を毎月約2,000字で紹介するコラム「みの〜れライフのすすめ」があります。市民ライターの藤田佐知子さんが17年間続けており、紹介された人物は、既に200人を超えています。

ここに登場する人たちはみな「チャレンジ精神」「感謝の心」「楽観的」「自己実現」にあふれ、みの〜れを人生のそばにおいてイキイキ暮らす様子が描かれています。最近掲載された3人を紹介しましょう。

写真家の滑川さんは、地域の魅力を発信し、地域への意欲ある人々を増やそうとするシティプロモーション活動がきっかけでみの〜れに参画することになりました。

たくさんの人たちが毎晩入れ替わり立ち替わり企画会議にやってきて、事業運営している仕組みに感銘を受け、自らも企画側に飛び込んだのです。

滑川瑞穂さん

滑川瑞穂さんによる子どもカメラマン体験

滑川さんは「娘の保育園発表会でみの〜れを利用したことはあっても、企画する側になったことで見える景色が変わった」と話しています。さまざまな対話の場を経験したことで、人前で自分の意見が言えるようにもなったとのこと。

　「みの〜れと出会って、私の人生が輝き出しました、新たな企画や仕組み、仕掛けをみんなで考えていると、ついつい話に夢中になって時間が経つのを忘れてしまう」と滑川さんは笑顔になります。

　30代に入ったばかりの安達将伍さんは、88年続く建具店の４代目であり、組子クリエイターとしても活動しています。多忙な日々の中、みの〜れに参

安達将伍さん

安達将伍さんが作った組子ランプ

画する時間を割くには理由があると言います。

「仕事では出会えない多様な人たちとのつながりが宝」「対話の中から本業に生かせるアイデアが浮かぶ」と述べる言葉からは、みの〜れでの活動にサードプレイスとしての価値を見出していることがわかります。

多様な価値観に触れたことで「最近変わったね、とよく言われる」そうで、地域の人たちと仲良くするための立ち居振る舞いを覚えたことについても「これもみの〜れのおかげですね」と感謝の言葉を口にされています。

齋藤さんは、70代ですが、趣味の自転車とカメラを生かしてSNS発信を得意とするシニアインフルエンサーです。10年前に小美玉市に移住されました。その後、市外で主に活動していましたが、新型コロナでの自粛期間をきっかけに市内に目が向き、3年前からみの〜れ住民劇団「演劇ファミリーMyu」広報部として活動しています。

小学生から80代まで70人いる「演劇ファミリーMyu」メンバーたちと知

齋藤友幸さん

齋藤友幸さんとMyuの若手

り合い、稽古に臨む真剣な表情や満面の笑みのオフショットまで素敵な写真を撮っています。子どもたちから「齋藤じぃ」と呼ばれ、「駅前で高校生たちから『齋藤じぃ〜』って手を振られちゃったよ」とはにかみながらも「"孫"がたくさん増えた」と嬉しそうです。

こうした成果を上げているみの〜れは、さぞ恵まれた環境だと思われるでしょうか。市から捻出される年間自主文化事業費は全国平均5,800万円の10分の1にも満たない額です。

限られた財源は、毎年7月に行われる次年度事業企画競争によって住民委員が順位付けし、1位のチームから順に予算を獲得していきます。下位のチームは予算無しとなる厳しい戦いになります。

みの〜れパートナーズの14プロジェクトに加え、毎年新規プロジェクトが立ち上がり、さらに競争が激化しています。住民たちは自分たちの活動の意義と成果を客観的に捉え、伝わるように言葉を磨き続ける必要があります。

この企画競争は年に一度の真剣勝負になり、参加する人々は、まるで祭りのように燃えます。これまでみの〜れには縁遠かった、仕事でプレゼンテーションを作ることに長けている人や、外部から資金獲得できる顔の広い人が力を発揮して参画するようにもなりました。

厳しい現実の中で対話を通して協調し、合力して達成感を味わうプロセスによって「チャレンジ精神」「感謝の心」「楽観的」「自己実現」という様々

みの〜れ次年度企画競争プレゼンテーション

なプラスが生まれています。

　こうしたプラスを生み出すプロジェクトに共通する要素として、①参加する人に対して、自らの得意を生かすことができているという実感を提供できている、②参加する人々が、プロジェクトにおける自分自身の関わり方を毎年選び直す機会を設けている、という2点があります。

　プロジェクトにおいて、自分自身の活躍しどころがイメージしやすく、自分自身が関わることで、みの～れが大きくたくましく育っているという実感を得られるプロジェクトがプラスを生み出します。

　創造的な喜びを知ると、単なる消費者ではいられなくなります。みの～れで活動する「みの～れライフ」を楽しむ人をたくさん見ていると、人間は本来、創造的な生き物なのだと感じます。受身であることは楽（らく）かもしれませんが、つまらないものです。考えや価値観は異なっていても、力を合わせられる仲間が増えると人生は楽しくなります。

　まちの主体は住民です。まちに主体的に関わろうとする人がまちの宝です。さまざまな活動がゆるく繋がり、それぞれに成長する意欲があれば言うことはありません。学び、力を合わせ、成長して達成感を得るみの～れライフは、「チャレンジ精神」「感謝の心」「楽観的」「自己実現」を育み、促進しています。

閑話休題

　ペンシルベニア大学のマーティン・セリグマンについて述べる。ウェルビーイングについて語るときには、必ず言及される存在だろう。

　セリグマンは「PERMA（パーマ）」というフレームワークを提唱している。ウェルビーイングを高めるために必要な「5つの要素」の頭文字をとったフレームワークだ。

　ところで、英米系の研究者は、こういう頭文字のアナグラムが大好きだ。確かに、PERMAは覚えやすく、意味も付与しやすい。これが、AEMRPというフレームワークであれば、発音しにくく、覚えにくく、十分に普及しなかったかもしれない。こうしたアナグラムのために、研究者はどの程度の時間を費やしているのだろう。

　おっと、本題である。PERMAはPositive Emotion（ポジティブ感情）、Engagement（物事への没頭）、Relationship（関係形成）、Meaning and Purpose（生きることの意味と目的）、Achievement/Accomplish（達成・完成）ということになる。

　中本のコラムでは、みの〜れのプロジェクトに関与することによって「チャレンジ精神」「感謝の心」「楽観的」「自己実現」が得られるという。これをPERMAのフレームワークで解釈してみよう。

　楽観的はPositive Emotion（ポジティブ感情）と重なるだろう。チャレンジ精神は敢えて言えばEngagement（物事への没頭）になると考える。自己実現はMeaning and Purpose（生きることの意味と目的）とAchievement/Accomplish（達成・完成）の両者にまたがって解釈することができる。そうなると、感謝の心はRelationship（関係形成）ということになるだろうか。

　この引き合わせが納得できるのであれば、みの〜れはウェルビーイングを作り出す装置として意義を持つ。みの〜れが提供しているものはサーカスという娯楽ではなく、能動を形成する芸術であると考えることもできる。

　ただ、Relationship（関係形成）を感謝の心と重ねることには若干の無理

がある。セリグマンは Relationship を、他者からのサポートや評価を受け、愛されることとしている。どこに違和感があるのか。

　受け身である。セリグマンはサポートされ、評価され、愛されることがウェルビーイングにつながると考えている。中本の言う「感謝の心」は、感謝することが人生の楽しさにつながると述べる。感謝されるのか、感謝するのか。一見、同じことにも思えるが、大きく異なっている。

　よく生きる（ウェルビーイングな）ことが常に能動を前提とするのであれば、感謝も能動から始まることが「よく生きる（ウェルビーイング）」「よく生きようとする」ことの端緒となるのではないか。もちろん、能動としての感謝は、受け身としての感謝を引き出し、感謝される、評価される、愛されることにも無縁とはならないだろう。

　能動としての感謝は、私がシティプロモーション評価として提案している修正地域参画量指標（mGAP）の重要な要素でもある。シティプロモーションは単なる PR ではないと考えている。シティプロモーションには資源獲得のための魅力創造と行動変容につながるメディア活用が求められる。

　獲得すべき資源のうち、最も基礎となるものは地域への関与意欲だ。この関与意欲の分厚さが地域で「よく生きようとする」人々を支える底力となる。

　関与意欲の総量を計測可能にしようとする指標が mGAP である。mGAP における関与意欲は 3 つの意欲によって構成される。地域をよりよくしようとする活動に参加する意欲、地域を推奨しようとする意欲、そして、地域をより良くしようとしている人々に感謝する意欲だ。

　ウェルビーイングとシティプロモーションは違う文脈ではない。ともに「よく生きる（ウェルビーイング）」「よく生きようとする」人々を視野においた考え方だ。

　地域をよりよくしようとする活動に参加する意欲、地域を推奨しようとする意欲、そして、地域をより良くしようとしている人々に感謝する意欲によって「よく生きる（ウェルビーイングな）」こととしてのウェルビーイングを実現し、その力の総量を高め、地域の「よく生きようとする」人々を支

えられるようにするシティプロモーションが必要だと考える。
　そのためにも、「感謝される」ところからではなく、「感謝したくなる」ところからウェルビーイングを考えることが必要ではないか。中本の伝えるように、みの〜れの取り組みが、能動的な感謝の心を作り出しているのであれば、ウェルビーイングを向上させる的確な事例であると考えている。

もうひとつの
閑話休題

　第2章の閑話休題で地域魅力・革新創造スパイラルに次いで書き継ぎ、「地域魅力・革新創造スパイラルの各ステージのうち、発散について述べた。まだまだ、共有、編集、研磨・共創参画獲得の各ステージが残っている」として終えた。

　ここでは、地域魅力・革新創造スパイラルの共有ステージについて書こう。発散ステージで、地域の魅力や関与する機会について、参加者がそれぞれに見つけ出し、付箋に書き記して持参すると述べた。また、行政が企画者である場合は、総合計画や総合戦略からの魅力を提示することの意義も記述した。

　次は、この付箋の内容を共有するステージになる。各班ごとに広げられた模造紙には何十枚もの付箋がそれぞれの種別を肩書きされ、ある程度まとまって貼られているはずだ。参加者たちは、その言葉をじっくりと読む。

　付箋に書かれているもののなかにはよくわからないものがあるはずだ。今まで必ずしも魅力とは捉えられていなかったモノやコト、あったことのないヒトが記されている。一人20個の魅力となれば、一般的なものではない個人的な魅力が記述されていることもあるだろう。珍しくないかもしれないが、私にとってはこれが魅力なんだというものがあることが素晴らしい。

　参加者たちは、付箋をじっくりと読み、これは何か、なぜこれが魅力なのかを考え、魅力として記述した参加者に質問する。質問されることで、記述した参加者は改めて言語化が求められる。これによって、それぞれの参加者が、この付箋に書かれたものが、なぜ魅力なのかを、より十分に、的確に語れるようになる。

　地域を語れることが、地域への関与可能性を高め、「よく生きる（ウェルビーイングな）」ことにつながる重要性は既に述べた。ワークショップは行政などの企画者のために市民などの参加者を資源として使うものであってはならない。参加者自身の「よく生きる（ウェルビーイング）」を支えるために行われなければ意味は無い。

共有ステージでは、もう少し大がかりな取り組みもあり得る。付箋に書かれた魅力や関与機会の一部を実際に訪れ、時には体験することだ。参加者の意見を取り入れ、企画側が日程やコースを設定し、出かけることも、あるいは、魅力として提示されたヒトを迎えて談話の機会を作ることも考えられる。
　参加者が集まったグループとして、魅力や関与機会を巡るコースを企画することもできる。自分たちの提示した付箋をどのように回ることができるのか、距離に応じた交通機関や、かかるだろう時間、季節や気候の影響、参加者に子どもや高齢者がいた場合の対応、どこに集合し、どこで食事をし、どこで解散するのか。そうしたことを意見交換する中で、それぞれの魅力や関与機会は、さらに自分の問題として意識されるようになる。
　各グループが企画したコースを発表し、他のグループの参加者を含めて最も支持を得たコースを基礎に、行政などの企画者が可能性を確認した上で実施できれば、大きな意義を持つだろう。
　こうしたコース企画に出かける際には、訪問先でも「語れる」状況が用意されることが必要になる。写真を撮り、ソーシャルメディアに画像や動画としてアップすることを奨励する。Instagram、X、Facebook、LINE。それぞれで構わない。InstagramやXは広い範囲に拡散できるので、ハッシュタグを決めて投稿することを求めることで取り組みの紹介にもなり、意義を持つ。
　近年、若年者を中心に、BeRealという、ある時間になると一斉に、目の前の様子と、そのときの投稿者自らの写真を、アップロードすることが求められるソーシャルメディアが広く使われている。コースへの訪問時にBeRealから「写真をアップロードしてください」という指示が来れば、新たな共有も生まれて面白いだろう。
　ひとつのものには多様な見え方がある。魅力というひとつの言葉では語れないさまざまな物語に関わって魅力はある。

再び、アートフェアのTokyoGendaiの話だ。私が注目した作品に、ザ・ページ・ギャラリーが展示していた、ユン・サンヨルの「A little A little」がある。

作品は平面にも見えたが、よく見ると2つの層になっている。ギャラリストは、下層にはシャープペンシルによる手書きの垂直線があり、上層にはアクリル板にデジタルプリンティングされた垂直線があると説明した。

正面から見ているだけではあまり意識できない二つの垂直線だが、作品を斜めから見ることで、揺らぐような垂直線の重なりが現れる。下層にある手描きの垂直線と上層のデジタルプリンティングされた垂直線が、見る角度を変えるたびにゆらゆらと現れる。

その揺らぎは「見え方」の正しさではなく、「見るということ」の多義性を示している。さらにアナログな手描きとデジタルの2層という形式は、今という時間への示唆を準備している。

Phillida Reidギャラリーのブースでは、モハメド・J・ラーマンの作品も興味深く鑑賞した。ラーマンはバングラディシュからロンドンへの移民二世である。その一方で、ラーマンはロンドンしか知らない。

自分が知らないバングラディシュと、バングラディシュにルーツを持つ自分という奇妙な重なりがモチーフになった作品は、ラーマン自身の揺らぎを映し出している。さらに途上国から養子を迎えた家庭をモチーフとするアメリカのコメディドラマへの言及もあり、多様な「層」が露呈している作品は、先のユン・サンヨルの作品にもどこか重なる部分も感じられた。

地域とは単純なものではない、そこにある魅力というものも、様々な揺らぎを伴ってそこにある。そうしたことに意識的になることで、地域を語る力が生まれる。地域魅力・革新創造スパイラルの共有ステージの話だ。

第4章

誘われることで人は
「よく生きる(ウェルビーイングする)」
ことができる

章のはじめに

　私が好きな言葉にヴァルネラビリティという言葉がある。脆弱性とも訳されるが、攻撃誘発性、より端的に誘発性として意識したい。他者の力を誘い込む「弱さ」のデザインと言うこともできる。デザインとは目的のある行動、つまり特定の問題を解決するための計画と考えることができる。計画であるから、「なんとなく、弱くなってしまっている」のではヴァルネラビリティではない。

　どのような力を誘い込むのかを十分に意識して用意されるものがヴァルネラビリティである。これは「頑張るところを間違えない」ということにもつながる。課題解決のために自らの弱点をすべて無くそうと頑張ることは無理だ、だから、その頑張りは無駄になる。

　課題解決のためには、解決に当たっての自らの弱みを十分に分析し、その弱みに他者の力を充填するための、ヴァルネラビリティというデザインが求められる。そのデザインの設計を的確に行うために頑張ることには意味がある。

　ヴァルネラビリティのデザインは「よく生きる（ウェルビーイングな）」人々を増やすことにつながる。巨大な一人の主人公がすべての敵を苦も無く殲滅する物語は全く面白くない。アニメで言えば一話で終わる。巨大な一人の主人公が自らの弱みを頑張って頑張って克服し、すべての敵を殲滅する物語にもそれほどには惹かれない。アニメで言えば13話のワンクールが精一杯だ。途中で打ち切られるかもしれない。

　戦隊メンバーが、それぞれの弱点を抱えつつ、互いの弱みを補い合い、チームとして成長し、すべての敵を殲滅する物語は、そこそこ悪くない。アニメで言えば3クールは続きそうだ。

　互いの弱みを補い合いつつ、衝突しながらもチームとして成長する。そこには武器を持てない者もいるだろう、祈ることしかできない者もいるだろう。

しかし、そうした人々にも役割がある、役割がなくても、そうした人々が存在するからこそ人は戦う。さらに、敵として見えていた存在にも物語があることに気づき、そうした敵さえも取り込みつつ、登場する一人一人の人々が、それぞれに「よく生きる（ウェルビーイングな）」物語は相当にイケている。8クールは続き、劇場版が上映され、ノベライズされ、スピンアウト作品が作られるはずだ。
　地域には解決したい課題が日々生まれる。そうした課題解決を担おうとする人も組織もそれぞれに弱みがある。だから課題は解決できない、わけじゃない。それぞれの弱みを誘発性として十分にデザインし、それぞれの弱みを互いに理解し合い、それぞれの強みで補完することができれば、課題の解決は可能になる。いや、目前の課題解決にとどまらない、地域で多様に意味のある存在として「よく生きる（ウェルビーイングな）」人々が増えていくことが可能になる。

事例

取材を通じてまちを好きになる、市民PRチーム「いこまち宣伝部」

奈良県生駒市 **村田充弘**（一部補記 河井）

　奈良県北西部に位置する生駒市。大阪都心部まで電車で約20分のアクセスの良さと生駒山や矢田丘陵に囲まれた緑豊かな環境を活かし、大阪のベッドタウンとして発展を遂げてきました。子育て環境の良さにも定評があり、近年、子どもや働き盛り世代の転入が増えています。

　生駒市では、少子高齢化・人口減少社会の中、地域活力を維持するために、2013年度からシティプロモーションを実施しています。今回は、その中核を担う市民PRチーム「いこまち宣伝部」を紹介しましょう。

　いこまち宣伝部は、住民が地域の人・お店・風景、文化といったまちの魅力を取材する市民PRチームです。「部員」と言われる住民が作った記事は、市公式Facebook・Instagram「グッドサイクルいこま」で毎日のように発信され、これまでに約1,500本が投稿されています。

　いこまち宣伝部員は取材先の選定から記事作成までを担当し、それぞれの視点で多様な魅力を届けています。まちの魅力発信だけでなく、1年間の活動を通して、部員同士や、取材対象者など地域の人たちと関係が育まれるこ

いこまち宣伝部の皆さん

とで、まちへの愛情や参加意欲・推奨意欲が醸成されていると考えています。

こうした取り組みが「単なるPR活動ではなく、シビックプライドを醸成する活動」と評価され、公益財団法人日本デザイン振興会によるグッドデザイン賞2022を受賞しています。受賞もあって、全国の自治体から視察を受け、愛知県春日井市や鹿児島県垂水市、三重県名張市、佐賀県嬉野市などでも、同様の「宣伝部」が始まっています。

いこまち宣伝部の企画が立ち上がったのは、自治体によるFacebookの開設が相次いだ2014年でした。生駒市は当時、子育て施策や都心へのアクセスの良さを市外にPRし、Facebookの運用についても検討を重ねていました。そうしたなか、私を含む当時の広報広聴課メンバーは「行政情報だけを発信する内容のFacebookでは、多くの人々からの関心を得られないのでは」と、頭を悩ませていました。

一方で、広報紙の読者アンケートの結果では、多くの住民が、お店や教室などの地域情報を求めていることが分かっていました。さらに、市が行った住民向けの調査では、15％もの人が「まちのイメージがわからない」と答えていました。

Facebookによる情報発信をどのように行うのか、住民が求める地域情報をどのように伝えるのか、この2つの課題を結びつけ、解決していかなくて

グッドデザイン賞2022受賞

はなりません。こうした検討の上、住民自身が地域の魅力を発掘し、Facebookで発信する、いこまち宣伝部の取り組みを考案し、実施することが決まりました。

しかし、SNSが世の中にやっと浸透しはじめた頃でもあり、市公式のFacebookページの運用も手探りでした。まずは、ページへの「いいね」を増やすことが必要なのではないかと考え、市職員が日替わりで投稿することから始めました。

半年間、毎日のように投稿すると閲覧数や「いいね」が徐々に増え、Facebookページの、いわば「土壌」が出来上がったところで、いよいよ、いこまち宣伝部による投稿を始めてもらいました。これは、全国の自治体でも前例がない取り組みでした。「うまくいかないのではないか」と、市の他部門や他の自治体から疑問視されたことも少なくありません。

それから約10年間が経ちました。今でも、平日は途切れずにいこまち宣伝部員と市職員が情報を発信しています。現在は、Facebookに加え、2020年からInstagramでの情報発信もはじめ、フォロワーは、合計で1万人を

いこまち宣伝部によるFacebookページ「グッドサイクルいこま」

超えるまでに広がっています。

いこまち宣伝部は報酬がない活動のため、どのように担い手を見つけるか悩みました。参加の障壁を低くするため、活動条件をゆるやかに設定することが重要だと考え、3つのポイントを考えました。

一つは1年間限定の活動にしたことです。卒業時期を明確にすることで、活動のゴールを見えやすくしました。次に、仕事や子育てをしながらでも参加しやすくなるように、投稿を月1回としました。さらに、活動できない月があってもかまわないと、もう一段ハードルを下げる運営としました。

そして、最後は、いこまち宣伝部員自身が、取材先を自由に決めることです。行政から取材先を指定せず、いこまち宣伝部員自身が興味関心を持つまちの魅力を取材してもらうことで、モチベーションが向上し、積極的な活動につながることを意識しました。

こうした条件は応募者からも受け入れられ、いこまち宣伝部1期生につい

いこまち宣伝部によるInstagram「グッドサイクルいこま」

ては定員の3倍の応募があり、それ以降も定員を超える申込みが毎年続いています。

　いこまち宣伝部の活動任期は1年間のため、毎年、メンバーが入れ替わります。結果として、これまで150人以上が参加しています。いこまち宣伝部の平均年齢は30代半ばであり、専業主婦や会社員、デザイナー、フォトグラファー、飲食店経営など、様々な暮らし方や働き方をするメンバーが活躍しています。

　いこまち宣伝部に入るきっかけは様々です。「カメラを学びたかった」「一眼カメラに挑戦したかった」という声も多くありました。いこまち宣伝部員になると、写真家の講座を無料で受講できたり、OMシステム（旧オリンパス）ブランドのデジタル一眼カメラを利用できたりします。これも参加のきっかけとして有効であることがわかります。

　こうしたデジタル一眼カメラを利用できるようになったのは、2020年にオリンパス株式会社と協定を結ぶことができたことが理由となっています。オリンパス株式会社からは機材の貸与にとどまらず、カメラ講座での協力も得られるようになりました。その後、オリンパス株式会社から事業継承をしたOMデジタルソリューションズ株式会社からも協力を得られることになり、

いこまち宣伝部の皆さん2

第4章　誘われることで人は「よく生きる（ウェルビーイングする）」ことができる

毎年10台程度の一眼カメラが利用できています。

いこまち宣伝部の立ち上げ時には「まちの魅力をもっと知りたい」「生駒が好きだから」という応募動機が多いと思っていました。しかし、それだけではなく、「友だちを地元につくりたい」「何かに挑戦したい」と、自分自身の自己実現につながる興味・関心が主となって参加する人も多くいました。

これを受けて「住民の自己実現が、まちの魅力の発掘や発信につながるのか」と、当初は困惑しました。しかし、いこまち宣伝部員と接するうちに、そうした意識は変化していきました。

その具体的な事例として、4年前に出会った女性部員である「ぶっしー」さんを紹介しましょう。ぶっしーさんは、大阪の企業でフルタイムで働いています。生駒市に引越して1年になる頃まで、職場と家を往復するだけの毎日が続いていました。

そうしたなかで、いこまち宣伝部へ応募したのは「会社の肩書きがなくなったとき、自分には何も残らないと思った」という思いが動機でした。自宅や職場とは違った居心地のよい第3の居場所を見つけたくて応募したというのです。

ぶっしーさんは、いこまち宣伝部での月1度の取材をきっかけに、まちの仲間をたくさんつくっていきました。「魅力の原石を探すようにまちを見る

取材の様子

と、気になる場所や会いたい人が増えた」と話すぶっしーさんはいこまち宣伝部の活動時間を増やすために、仕事を早く終わらすほどに積極的になりました。

その結果。取材したこども食堂を手伝うようになったり、できるだけ生駒市内でご飯や買い物をしたりするようになりました。今では生駒市内在住の建築士に相談して、市内で家を建てる準備を始めています。いこまち宣伝部の活動は、ぶっしーさんの生駒での暮らしを確かに豊かに変えていっています。

ぶっしーさんの他にも、そのようないこまち宣伝部員はたくさんいます。「いこまち宣伝部では、妻や母としてではなく、子どもを通したつながりではなく、個人として活動できる」「取材した方が掲載された記事を見て喜んでくれたり、取材した方の人生のストーリーを知ったりできることが活動のモチベーションになっている」「取材を通じて、つながりが広まっていくのが楽しい」など、暮らしを豊かにするきっかけは十人十色です。なかでも、地域での関係性が育まれることを喜ぶ声はとても多く聞きます。

こども食堂の記事

他方、活動のモチベーションが下がる理由もそれぞれに違います。いこまち宣伝部員それぞれにライフスタイルや価値観が異なることから当然ですが、そのネガティブになったタイミングで、それぞれの悩みに応じた声をかけることが、いこまち宣伝部の成功にとって重要な鍵となります。

「前の取材は大変そうでしたけど、困っていることはありませんか」「仕事が忙しそうですが、今月の記事がしんどかったら言ってくださいね」「なんでもいいので困ったら気軽に声かけてくださいね」

いこまち宣伝部員と私たち市職員は、SNSでゆるやかにつながっていることから、一人ひとりの気持ちや行動の変化をできるかぎり捉えるようにしています。小さな変化を見逃さず、こちらから声をかけるようにしています。メッセージをしたり、会ってお話したり、たまに何時間と語ったあったりすることもあります。

行政としては、まちづくりの「参画者」への対応は画一的にすべきかもしれません。しかし、それぞれの住民にとって幸せや活動目的は異なります。適切な対応を取るには、いこまち宣伝部員一人ひとりの個性や気持ちとしっかりと向き合う必要があります。

「この人自身が宣伝部を通じて幸せになるためには、どのようにすべきか」を真剣に考えることが不可欠になります。ありがたいことに、いこまち宣伝部が立ち上がってから活動中に退部した人はほとんどいません。いこまち宣伝部を担当してきた職員の情熱や、同じ部署のチームメンバーの協力、いこまち宣伝部員同士の支え合いなども大きな力になっています。

地域の情報発信を目的にスタートしたいこまち宣伝部ですが、立ち上げ時には予想できなかった変化がいこまち宣伝部員や地域に起きています。いこまち宣伝部員は1年の期間に、会いたい人や行きたい場所を訪ねます。取材だからこそ聞ける話があり、まちのこれまでを知っていくができます。

ぶっしーさんもそうですが、生駒の素敵なヒト・モノ・コトに出会い続けることによって、まちがだんだんと好きになり愛着が育まれ、主体的にまちに関わる人が増えています。

いこまち宣伝部の取材をきっかけに出会った、まちの緑化活動を行う団体にボランティアとして入会した人がいます。いこまち宣伝部で培ったスキルを活かして写真で生駒市の魅力を伝える団体を立ち上げた人もいます。市外で働いていた人が市内の企業に転職したり、自宅で教室を開業したりと、生駒市で働くことを選んだ人も少なくありません。

　数多くのいこまち宣伝部員と接し、生駒市での暮らしがより楽しくなっている人が増えていると感じています。こうした感覚を基礎に、これまでの成果を定量的・定性的に捉えるため、いこまち宣伝部員を中心にシティプロモーション事業に参加した人にアンケートとワークショップを実施しました。

　アンケート項目は、地域に関わる次の3つの意欲にしました。①生駒を薦めたい気持ち、②生駒がより良くなる行動をしようとする気持ち、③生駒がより良くなる行動をする人への感謝・応援の気持ちです。

　これらについて、いこまち宣伝部をはじめとするシティプロモーション事業への参加前後の気持ちの変化を数値で尋ねたところ、参加前に比べて、参加後の数値が大きく上昇していました。このように意欲の上昇は明らかですが、意欲にとどまらず、具体的な行動変容にもつながっています。

　「市外での仕事の打ち合わせや食事が市内に変わった。」「まちに知人・友人・馴染みのお店がたくさんでき、市内を頻繁に歩くようになった。」「数多

シティプロモーション事業に参加した人々によるワークショップ

くのチャレンジを取材したことで刺激を受け、市内に事務所を構えて仕事の拠点をつくった。」「応援したいと心から思える活動やお店が増えて生駒が大好きになり、まちの良さをアピールしたことで、移住を決めた友人や知り合いが数多くいた。」「新しいお店が工事していたり、植え込みの花はだれが育てているか気になったり、まちの変化が気になるようになった。」いずれも、いこまち宣伝部部員の声です。

　何人ものいこまち宣伝部員が卒業時に、「このまちで暮らしていてよかったと感じた1年だった」と伝えてくれました。行政職員として何より嬉しい言葉です。まちは個人で構成されています。住民一人ひとりの幸せを考え抜くことが、まちづくりの近道になると信じています。

閑話休題

　人の行動を促すための発想にSTEPPSSというものがある。もともとは、ペンシルベニア大学ウォートン校のマーケティング教授であるジョーナ・バーガーが示した言葉である。『なぜ「あれ」は流行るのか？　強力に「伝染」するクチコミはこう作る！』という書籍で示したものだ。

　いや、バーガーの提起した言葉はSTEPPSだった。間違い探しの答えはわかっただろうか。そう「S」が一つ増えている。さらに、バーガーの提起は、クチコミを起こすための発想としてのSTEPPSだが、私はバーガーの発想を発展させ、より広く「人の行動を促す」ための考え方として考えている。

　このSの一つ足りないSTEPPSについては、私が自治体広報担当者向けに書いた『戦略的に成果を上げる！　自治体広報のすごい仕掛け』という書籍で紹介し、解説している。そのときにはSTEPPS＋Vと、尻尾のように＋Vが付いていた。

　この＋Vという尻尾は、本章の「はじめに」で書いたヴァルネラビリティ（Vulnerability）である。他者の行動を促すためには、自らの弱さを十分に

図4-1　STEPPSS

インセンティブ	ハードル下げ	ハードル下げ
褒められる	思い出すきっかけを豊富に用意する	競争を作る
Social currency	Triggers	Emotion

ハードル下げ	インセンティブ	ハードル下げ	インセンティブ
みんながしていると思わせる	モノ、金がもらえる	扱いやすく分ける	意味ある人になれる
Public	Practical Value	Separation	Stories

デザインして見せ、誘い込むことが必要だという意図で付け加えたものだ。

しかし、ここでは、Ｓを加え、尻尾をとってSTEPPSSとして紹介する、その理由については、少しずつ述べていきたい。

とりあえずSTEPPSSだ。いや、STEPPSSという呪文のような、ややこしいものを覚える必要はない。７つの英単語の頭文字を並べた一つ一つのアルファベットの意味を考える必要も無い。なんとなく語呂がいいから使っているだけの呪文だ。

そこにあるものは、行動をすることで得られる「何かいいこと」を意味するインセンティブと、行動に向けてハードルを下げる仕掛けだ。人の行動を促すインセンティブが３つ、ハードルを下げる仕掛けが４つ。あわせて７つの頭文字になっている。おっと、それぞれの頭文字を持つ英単語を考えなくてもいい。日本語で勝負しよう。

インセンティブには、①褒められる、②物や金をもらえる、③物語の主人公や重要な登場人物になれる、の３つがある。ハードルを下げる仕掛けには、④きっかけを用意する、⑤競争を設定する、⑥みんながやっているように見せる、⑦扱いやすく細かく分けるがある。

どうでもいいことだが、バーガーのSTEPPSに勝手に付け加えた「Ｓ」は⑦の細かく分けるを意味するSeparation（区分）の「Ｓ」だ。10万字を一日で書けと命じられると辟易して立ちどまってしまうが、一日300字を毎日書けば一年で10万字になるから、始めようかと言われた方が、まだしも動きやすい。そういう「Ｓ」だ。

このなかで、「よく生きる（ウェルビーイングな）」ことにとって、最も大事な頭文字が、最後のＳだ。これはStories（物語）のＳになる。「③物語の主人公や重要な登場人物になれる」と意識してもらうことが人の行動を促すことにつながる。

このことは、第１章で述べた「余白」にも重なる。地域に活躍できる余地

が用意されているかどうかが、その地域に関わって「よく生きる（ウェルビーイングな）」ことの可能性の多寡につながる。

 だからこそ、活躍できる余白を作るために、行政などの企画者・呼びかけ人は弱みを見せなければならない。ヴァルネラビリティ（Vulnerability）が十分にデザインされることで、人々行動を促す物語（Story）が成立する。＋Vを改めて尻尾のように付けなくても、Storyを十分に用意することで、人々の行動を促し、物語の主人公や重要な登場人物として「よく生きる（ウェルビーイングな）」ことが可能になる。

 いこまち宣伝部が、地域にそのような物語を仕込む仕掛けであることは、改めて述べるまでもないだろう。

第5章

「よく生きる(ウェルビーイングな)」実感を作り出す露頭を用意する

章のはじめに

　国技館に大相撲の本場所を観戦に行くことがある。抽選に当たれば土俵に近い溜席に座り、外れれば椅子席で遠くから取組を見る。時間があれば、朝から出かける。取組は朝の9時前から始まっている。打ち出しは18時だから、最初からいれば9時間も国技館にいることになる。さすがにせいぜい11時ぐらいに国技館に入ることが多いので、それで7時間程度か。

　とはいえ、ずっと席にいるわけではない。取組を尻目に、売店で十両幕内力士の姿が描かれた絵番付や名物の焼き鳥を探していたり、地下で食べることのできるちゃんこを味わったり、ファンクラブの会員に配布されるグッズなどを覗いたりしている。

　せっかくなので、序二段とか三段目とかの下位の力士たちの相撲も見る。応援していて、1月・5月・9月の東京場所の千穐楽打ち上げの宴では会話することもある荒汐部屋の力士には声援を送ったりもする。

　そのうち、関取と呼ばれ、幕下以下とは待遇のずいぶんと違う、十両に在籍している力士たちの土俵入りがある。当然ながら幕下以下の力士に土俵入りはない。土俵入りとは不思議なイベントだ、イベントと言うより神事なのかもしれないが、相撲をスポーツと考えると、奇妙なものだ。

　横綱を除く関取たちは、東西に分かれ、行事を先頭に番付下位の力士から、土俵に上がっていく。化粧まわしと呼ばれる、取組の際には付けない美麗な前垂れを付けていることが土俵入りの特徴だ。順に全員が土俵に上がると、そろって僅かに手を上げるだけで、再び土俵から降り、そのまま花道を下がっていく。それだけだ。

　いわば、本日登場する関取のお披露目ということにもなるのだろう。そう考えれば、勝負には直接に関わらなくても、ある程度納得できる。しかし、さらに不思議なものがある。「仕切り」だ。勝負を決める取組の前に3分から4分ほど、立ったり座ったり、土俵外にある塩を取りに行ったりする。勝

ち負けだけで言えば、意味は感じられない。お披露目は土俵入りで終わっている。

　仕切りにどのような意味があるのだろう。準備運動であれば、土俵に上がる前に済ませればいい。立ったり座ったり、せいぜい二三回、片足を交互に上げて土俵を踏みしめる程度では、準備運動にもなりそうもない。

　アマチュア相撲には、こうした時間は無い。そう考えると、大相撲がプロであることと仕切りには何らかの関係があるのかもしれない。ここで思いつくのが、一つは、仕切りを重ねる両力士への応援を得る時間であり、もう一つは、観客及び力士にとって、これからの勝負、取組への思い、期待を醸し出す時間である。

　言い換えれば、仕切りは想像力が充溢する時間と考えることができる。来るべき取組への想像力だけではない、この取組に至るまでのそれぞれの力士の、さらに優勝など重要な取組になれば、大相撲のこれまでの多様な勝負、積み重ねられてきた歴史にまで想像力が至る仕切りの時間もある。

　その勝負、取組も考えてみれば奇妙だ。時間の話になる。多くの取組が１分以内、いや30秒程度で終わる。時には、一方の力士が取組の始めである立ち合いに体をかわして２秒で勝負が決まるものもある。

　多くのプロスポーツで、こんなに短い試合時間のものはない。サッカーなど前後半90分、ほとんどずっと動き続けている。大相撲の十両・幕内は一場所15日間の取組がある。30秒を15日間と考えれば、正味、勝負に関わる時間は450秒、つまり８分30秒だ。年間６場所で１時間足らずの51分になる。

　365日、525,600分の0.009％しか、勝負をしていないことになる。楽な商売だろうか。１年間、毎日毎日稽古をすることで、自らを鍛えた結果が、0.009％、僅か51分に集約される仕事というものは、そう多くはないだろう。

　さて、大相撲とよく生きる（ウェルビーイングな）ことのできるまちには何らかの関係があるのだろうか。露頭をどのように作るのかということであると考える。突端として現れたもの、場所、時間をしっかりと作る。そのうえで、想像力に満ちた物語に紐付けていく。

一人ひとりの人間が輝ける時間は、多くの人にとって、そう長くはない。小さな一瞬が、それぞれの人が「よく生きる（ウェルビーイング）」「よく生きた」ことを証すことは少なくない。しかし、それは、その一瞬だけに注目しては見えてこない、納得できない。

　その一瞬の前にあり、後にある時間を、周囲にある時間を十分に想像することのできるデザインがあって、人は自らが「よく生きる（ウェルビーイングな）」ことができていると確認できる。

　毎日の稽古の結果としての30秒足らずの取組という、露頭に当たるデザインを十分につくる。その露頭について十分に想像力を促す、仕切りと重なるデザインを用意する。さらにその想像力を自らの来し方行く末にとどめず、地域のもつ歴史に紐付けて、発揮させるデザインが求められる。

　次のページから始まる、荒井菜彩季氏が紹介する埼玉県北本市の &green market は人々が「よく生きている」と納得できる露頭になっているのではないか。十分に吟味してほしい。

> 事例
> # マーケットの学校と &green market

合同会社 LOCUS BRiDGE CMO　**荒井菜彩季**（一部補記 河井）

　埼玉県北本市には貴重な野生動植物の住処でもある北本自然観察公園をはじめ、まちの外縁には緑深い里山があります。また、住宅街などの街なかには整えられた雑木林、畑や収穫された新鮮な野菜の直売所も見ることができます。

　緩やかな緑のグラデーションを描く北本市は、新宿駅から湘南新宿ラインでわずか50分ほどの距離とは思えない素晴らしい自然が残っています。

　北本市では、このようなまちの特徴をふまえ、市の最上位計画である北本市総合振興計画において将来都市像「緑にかこまれた健康な文化都市」を掲げ、まちづくりを進めています。2019年度からは移住定住を促進するため、暮らしの魅力を磨き・発信するシティプロモーション事業に本格的に取り組んでいます。

　一貫性をもって、このシティプロモーション事業を進めていくため、市民ワークショップ「きたもと暮らし研究会」等で検討を重ね、シティプロモーションコンセプト「&green― 豊かな緑に囲まれた、ゆったりとした街の中で、あなたらしい暮らしを―」を定めて、各種事業を展開することになりました。

　編著者の河井が提唱するmGAPを事業の成果指標とし、参加・推奨・感謝の3つの意欲を上げることを目指しました。そのために始まった屋外の仮設マーケットをテーマとした市民参加型ワークショップマーケットの学校及び&green marketは今では、シティプロモーション事業の主軸として市民の日常に根づいています。

　毎日買い物に行くスーパーや商店街などの日常的なマーケット、縁日・お祭りのなどのイベント的なマーケット、また野菜の無人直売所のような場所

も一つの小さなマーケットの形です。マーケットを通して、「自分たちのまちに必要な楽しみを、自分たちで作っていく」ことを、みんなで一緒に考え、学び、作っていくワークショップがきたもとで考えるマーケットの学校です。

また、マーケットの学校では、次のステイトメントを掲げています。これは、マーケットの学校の中で共有されてきた「良さ」を言葉にしたものです。マーケットを通してどんな風に場を共有していくのかを考えるときの基調であり、迷った時に立ち返る地図のようなものです。

「小さなニーズに確実に応える」「もともとあるもの、いる人に目を向ける」「ボーダーを引かない」「生態系をつくりだす」「民話を共有するように、地域にファンタジーをつくる」が5つのステイトメントです。

当初は月に1回、今は奇数月に、北本市役所前芝生広場にてマーケット（マルシェ）が開催されます。10〜30店舗ほどの出店があり、キッチンカーや飲食店の出店・販売・ワークショップの他にも、焚き火や楽器の演奏などが楽しめる場所になっています。&green market は自分の場所であり、みんなの場所でもあると言えます。みんなが心地よい空間になるよう、みんなが考えながら、北本らしいマーケットの1日を作っています。

&green market の会場は、北本市役所前の芝生広場です。少し勾配のある築山状の円形の芝生広場と、その外周を大小の植樹が囲んでいます。市の

&green マーケットの学校（冊子表紙）

中心に位置し、誰もが足を運べる市役所という公共空間、そして北本市のプロモーションコンセプト「&green」を体現する場所の一つでもあります。

　ラボブースについて語りましょう。ラボブースはマーケットの学校を通して生まれたものです。ラボブースでは焚き火が行われ、やりたいことが持ち寄られます。例えば、大豆農家さんによるきなこづくりワークショップが行われたこともあります。さらに、棒まきパンを製作したり、ポップコーンをつくったりもします。ジャガイモやとうもろこし、ねぎ、新米などの北本市の旬を味わうことができるのもラボブースです。

　北本市で以前に行われていた、雑木林を巡る「緑の森めぐり」「秋の収穫祭」等のマーケットイベントでは、焚き火が象徴的な存在として登場していました。また、初回のマーケットは12月の開催で寒かったこともあり、来場者の方に少しでも長く滞在してもらいたい、楽しんでもらいたいという思いから、「焚き火」を導入しました。

　当日は、焚き火ブースでは、旬の野菜である大根を使ったステーキやスープ、焼き芋などが登場し、来場者やスタッフ、出店者の拠り所・交流の場として機能しました。現在でもラボブースは継続しており、初回のマーケットの学校参加者が中心となって、ブースの運営や場の雰囲気維持を担ってくれています。

　こうしたラボブースでは「お客さん扱いをしない」「自分たちも楽しむ」「疲れることはしない」という3つを大切にしています。

　&green market を継続させるためには、多くの方がこの場所を大切にしたいという思いを醸成することも重要です。このために、マーケットでただ買い物をして終わりではなく、この場所にできるだけ長く滞在し、多くの方と交流することで、この場所で過ごした記憶を残してもらう仕組みを用意することとしました。

　レジャーシートの貸し出しや、ラボでの焚き火を活用した企画、ライブ演奏、ダンスやヨガなどのワークショップなども行われます。余裕がある時には、出店者さん用の賄いをラボブースで作り、来客だけではなく、出店者の

方も滞在する時間を楽しめる工夫をしています。

&green marketでは、多くのマルシェやイベントで見られるような、テントを統一したり、揃いのスタッフＴシャツのを着用したりなどはしていません。それに、イベントなどでよくある集合写真も撮らないと決めています。こうした統一感や一体感の「設え」によって、この場所に入れなくなる「誰か」が出てきてしまう可能性があると考えるからです。

マーケットで体現したいのは、「北本の暮らし、北本のまち」そのものです。そのためには、この街にいる多種多様な人が、ばらばらに好きな時に、自分のそれぞれのタイミングで来られるような雰囲気づくりが大切だと考えています。

この事業が始まった当初、事務局と呼ばれる市役所担当課のみで&green marketの準備を進めていました。しかし、準備は想像以上にハードでした。この状況では長続きしないと感じた私は、マーケットの学校に参加している皆さんに「助けてほしい」と依頼をしました。

すると、参加者のみなさんは、嫌がる素振りもなく「もっと早く言ってくれたらいいのに」と笑いながら快く手伝ってくれたのが印象的でした。行政は、弱みを見せることが非常に苦手で、市民に弱みを見せられない、隠してしまいがちだと感じています。

マーケット事業で学んだことは、「弱みを見せることが市民のスキルを発揮することに繋がる」ということです。地域にはさまざまな知識やスキルを持った人々がたくさんいます。そうした知識やスキルを持った市民自身は、それらがまちづくりの役に立つとは思っていないことも少なくありません。しかし、行政が「助けてほしい」と言うことで、市民を含めた多くの方はアイデアやスキル、人脈を使って助けてくれます。

行政の課題や、担当者としては「ここまでしかできない」ということを市民のみなさんにしっかりと伝えた上で、どのように、一緒に持続可能なまちを作っていくかを考えていく必要があると感じています。

設えすぎない、頑張りすぎないことを市民の多様な参加を実現し、市民の

力を引き出します。

　ある日、篠笛を吹くという男性が訪れました。「練習をしたいのだが、自宅で行うには、近所の迷惑になるのではないかと気になって、思う存分に練習ができない、&green market で篠笛を吹いてもいいでしょうか？」という申し出でした。

　私たちは、是非お願いしますと答えました。その日からの &green market で、男性は木陰で演奏することもあれば、芝生の中央で音を奏でたりするようにもなりました。&green market が美しい音に包まれ、あるいは、そこはかとない音色が聞こえるようにもなりました。

　男性は、演奏の合間には、ラボブースの焚き火用の薪割りを手伝ってくれることさえあります。&green market が多様な力を引き出している一例です。

　&green market には、「最近北本市に引っ越してきました」、という方が来場することもしばしばあります。新しく転入してきた人々は「せっかく引っ越してきた北本市をもっと知りたい」という思いを持っています。そうした思いを持った人々が、&green market に魅力を感じまちの様子を知りたいと、来てくれているようです。&green market は北本のまちの新しい一面を発見する場所にもなっています。

　&green market では配置図を作ったり、作らなかったりとバラバラです。出店者数が30店舗と多い日は、配置図を事前に作りますが、15店舗ほどであれば配置図を作りません。出店者さんに自分で好きな場所を選んでもらうためです。

　あらかじめ用意した配置図がなく、出店者自身が場所を選んだ時には、それぞれの店舗同士の空間が狭かったり、ひとつのブースが小さくまとまっていたりして、空間に多様性と余裕が生まれます。お互いに譲り合いながら、場所を共有している様子が見られます。整然とした配置ではないことで、&green market 自体が魅力的になります。とても不思議な感覚です。

　&green market では、いつのまにか、子どもたちだけで遊び始めて、芝

生を駆け回っている姿が見られます。

　過去には、地元の小学6年生が &green market に出店してくれたこともありました。小学校の総合的な学習の時間に「北本の魅力を知る」というテーマがあり、そこで「北本の魅力はマーケットだよね」と言ってくれたことがことの起こりのようでした。

　事前学習として、北本市の担当者が小学6年生向けに北本市のプロモーションと &green market について紹介し、その後に、子どもたちが自分たち自身で調べ学習をした結果を冊子にまとめ、&green market で配布しました。また、北本の素材で作ったアクセサリーなどの販売も行いました。

　後日、教室に訪れるとそこには &green market に参加した感想が掲出されていました。「楽しかった」とか「たくさん冊子が配れてよかった」という感想が多いのかなと思っていたら、「いつもお世話になっている近所の人が会いにきてくれてよかった」「地域の人とたくさん会話ができてよかった」という感想が圧倒的でした。

　担任の先生に話を聞くと、コロナ禍でコミュニケーションが苦手になっている生徒が多くいる。そんな中で、今回の &green market に参加したことで、その部分が解消されたのではないか、と話してくれました。

　また、興味深かったことに「&green market に出店するまでには、今まで学校や地域で習ってきたことを駆使する必要がある」ということです。配布する冊子を作成するには、インターネットで正しい情報を検索する力や文章を書く国語力が必要です。

　作品を制作するには工作の力が、作品をいくらで販売すればちゃんと材料費のもとが取れるかを考えるには計算力が、材料を家や学校から探し出し、それを得るためには交渉力が求められます。&green market は、小学生のさまざまな力を引き出し、発揮する場所になっています。総合的な学習の時間にはぴったりなのかもしれません。

　&green market に参加する人々は、性別も年齢も、それぞれが抱える背景も異なります。出店者、参加者、運営チームで役割も違います。しかし、

それぞれがこのマーケットの一日を楽しみ、互いが互いを気にかけ、場を作っていきます。

&green marketは単なる売り買いの場ではなく、北本で暮らす人たちの営みの場です。言い換えれば、&green marketは「私の場所」になり、「みんなの場所」になります。まさに「地域」そのものなのだと思います。

私は当初、シティプロモーションは「ステップアップ」だと考えていました。人々が魅力を見つけ、発信し、場を作って、交流していく。そんなふうに、一人一人がどんどん向上心を持って進んでいくことが大切だと考えていました。しかし、それは行政の思い違いだったと痛感しています。

街で暮らす人には、それぞれ暮らしのリズムがあり、さまざまなライフステージがあります。その中で、皆が同じ温度や、同じ速さでステップアップしていくような熱量で、街に関わり続けることは難しくなります。にもかかわらず、行政が同じ熱量のまま継続することを望んでしまう。これでは市民も行政も苦しくなります。

実は必要なことは、人々が街にさまざまに関われるのりしろ、それは「関与の窓」と言ってもいいでしょう、そうしたものが用意されていることです。用意するのは、行政でも民間でも個人でも構いません。その関与の窓によって、街に暮らす人・関わりたい人が自分たちのタイミングやスキル、興味に応じて、そのつど選び取れる、そして行き来できることが大切だと考えています。

&green marketは、多種多様な人々に、多くの関わりをつくることのできるのりしろや関与の窓を用意・提供できます。ここに&green marketの優秀さがあります。

出店者としては「物を販売する」「ワークショップを開催する」「ライブで演奏する」「子どもだけで出店する」「レコードをかける」ということのできる場所であり、来場者としては「芝生でくつろぐ」「物を買う」「ライブを楽しむ」「友達とおしゃべりをする」「出店者さんと交流する」「ラボブースで知らない人とおしゃべりする」という場所であり、運営者にとっては「出店

者の募集を行う」「焚き火を手伝う」「ラボブースでお客さんと話す」場所にもなります。

　さまざまな人々が、さまざまな参加の形、さまざまなたたずまいの形を持つことができる場所が、&green market です。&green market によって、人々は多様に活き活きとした時間を過ごすことが可能になります。

　もしも、関心を持っていただけたら、「マーケットの学校－きたもとで考えたマーケットのある暮らしの可能性－」（https://www.city.kitamoto.lg.jp/material/files/group/1/marketbook.pdf）や「マーケットの学校－きたもとで考えたマーケットでつながる新しい日常－」（https://www.city.kitamoto.lg.jp/material/files/group/1/market_book_2.pdf）も読んでみてください。ここには、&green market の取り組みや、&green market に関わる人たちの変化が描かれています。

閑話休題

　埼玉県北本市の &green market には、さまざまな物語の一端が集まっている。ラボブースで焚き火をする人々、篠笛を吹く男性、勉強したことを発揮しようとする小学生、そのほか多くの人々が、地域で暮らす姿、地域に関わる姿を、必ずしも意識的ではない場合も含めて、垣間見せている。
　&green market は地域の個別の魅力を提示する場所というより、地域に関わる人々の物語の一端、言い換えれば露頭としての姿が現れている場所だ。そうした物語が垣間見られることが、地域の力を理解し、一方で地域にある関わるための糊代を発見することになる。
　地域魅力・革新創造スパイラルにおいて、発散、共有に続く編集ステージは、そうした物語をワークショップとして構築することで、地域を語る力を育てることを意識している。第3章のもうひとつの閑話休題に引き続き、地域魅力・革新創造スパイラルについて、できる限り具体的なワークショップの様子として考えていこう。
　編集ステージでは、発散され、共有された、魅力及び関与機会の付箋が素材になる。ワークショップの参加者たちは、付箋を再確認し、ここにある付箋に書かれた内容を利用することで、この地域に関わって、自らの希望を実現できそうな3名の具体的な人物を考えることになる。ここでは、その人物をペルソナ、つまり架空の人格として述べていこう。
　3名のペルソナについては、グループ全体で考えてもいいし、それぞれの参加者が1名ずつのペルソナを考え、グループ内でそれぞれのペルソナを説明し、納得の得られた3名を選抜してもいいだろう。
　ペルソナはできるかぎり具体的な姿にして、グループ内で同じイメージが共有できることが必要だ。そのために詳細な設定を行う。まずはA4の紙を用意する。その紙に12個の項目を記す。できればA4の紙は縦長に使った方が、次に行うストーリー作りの際に便利だ。
　12項目は、①名前・②性別・③年齢・④仕事・⑤家族構成・⑥居住地・⑦

世帯年収・⑧出身地・⑨趣味（無趣味も可）・⑩大事にしていること・⑪悩み、または課題・⑫ペルソナが実現したい希望はどのようなものか、になる。

　①名前は、性別や、生まれた時期つまり命名された時期を勘案して名付ける。そう考えれば、名前は②の性別やその他の項目をある程度、決めてからいいだろう。このときに、気をつけることとして、荒唐無稽な名付けを行わないことがある。言い換えれば「受けを狙った」名前や、アニメなどにはあり得ても、実際にはどう考えても存在しないだろう名前を付けないことが求められる。これは、そのペルソナが「そこにいる、その地域にいる」という思いを裏切らないためだ。

　②性別については、現在は女性や男性以外に、多様な性があることがわかっている。そうした性を自認するペルソナが、設定した地域の魅力や関与機会を活用することで、自らの希望を実現できると考えるのであれば、積極的に女性や男性以外の性別を設定することが意義を持つ。

　③年齢は、ワークショップを行っている日の年齢を考える。具体的な生年月日を設定してもいい。年齢をワークショップ当日のものにするということは、それ以外の項目もすべて、ワークショップ当日の状況を記述することになる。

　④仕事は、できるかぎり具体的に書くことが必要になる。会社員とか公務員とかではない。地域に立地している○○会社の人事部長であるとか、インターネットから仕事の発注を受けるクラウドワークをしているフリーランスのアーティストであるとか、○○市役所の環境部主事であるとか、発達面の障害があることで現在は無職であるなどと設定する。これによって、どのような人間なのかが目に映るようになっていく。

　⑤家族構成は、独身で一人暮らしなのか、パートナーがいるのか、そのパートナーと同居しているのか、子どもはいるのかいないのか、いるとすれば何人なのか、親や祖父母などは同居しているのか、それぞれの性別や年齢は、などを明らかにする。

　⑥居住地については、設定するペルソナ3人のうち、ワークショップ当日

には地域内に居住しているものを2名または1名にする。残りのペルソナはワークショップ当日には地域外に住んでいることになる。

　この地域内と地域外に住む人の両方を用意するという設定によって、今後の物語によって、地域の持つ魅力や関与機会を知り、あるいは活用することによって、地域外から転入し、または、転入には至らないものの地域と何らかの関係性を持つことで、自らの希望を実現することができるという伏線になる。地域の未来は、地域に今、居住している人間の物語と、これから関わる人間の物語によって作られる。

　⑦世帯年収は、ペルソナ個人についてはここまでに定めた仕事などによって、ある程度は想定できる。そのうえで世帯年収としていることから、設定した家族構成、家族それぞれの状況についても配慮することになる。個人収入ではなく世帯収入とした理由は、家族への想像力を十分に持つことを期待するとともに、今後考える物語の設定を現実として生じうる、しっかりとしたものにするためである。

　⑧出身地を設定することで、進学や就職、結婚などの理由により、いったん地域外に転居した者が、再び地域に転入するUターンや、地域に継続的に関わる状況への気づきを促すことになる。

　地域外から地域に関わる者の多くは、地域がまったく初見の者というより、既に何らかの形で、その地域での経験があることが多いことは言うまでも無い。もちろん、IターンやJターンと呼ばれるような者が地域に関わるだけの、地域の魅力や関与機会が付箋に書かれているのであれば、居住地も出身地も、その地域ではないと決めてもいいだろう。

　⑨趣味を設定することによって、ペルソナの地域における物語を単線的ではない、複層的な分厚いものにすることができる。模造紙に貼られた地域の魅力や関与機会から、この地域で楽しむことのできる趣味を意識化することにつながる。

　⑩大事にしていることは、地域の魅力や関与機会を意識しつつ、さまざまなレベルで考えることができる。世界の平和でもいいし、家族の健康でもい

い、まずはお金、ということでもいいだろう。この設定を行うことで、ペルソナが実現したい希望を具体的にすることに役立つ。大事にしていることをある程度抽象化して考えることで、実現したい希望を対照的に具体的に意識化できるようになることを期待している。

⑪悩み、または課題の設定は、ペルソナを生身の人間として考えることを可能にするとともに、ヴァルネラビリティを設定することにもつながる。ペルソナに弱みがあるからこそ、地域の魅力や関与機会が力を発揮することになる。

⑫ペルソナが実現したい希望はどのようなものかを明らかにする。模造紙に貼り出された付箋を十分に吟味して、それぞれのペルソナが、地域で実現する希望を定める。これが、ペルソナが地域で紡ぐ物語の目標になる。

最後にとても大事な作業がある。①から⑫までが書かれたＡ４の紙に、ペルソナの似顔絵を描くことだ。年齢や性別は当然だが、それ以外の特徴も要望に影響を与える。そうしたことを考慮して、ペルソナを描く。

顔だけでも構わないし、服装や背格好に特徴が現れると考えるのであれば全身像を描いてもいい。とはいえ、絵を描くことが得意な参加者がグループにいない場合もあるだろう。図画コンクールを行うわけではないので、なんとなくでも特徴が現れていれば十分だ。

ここで似顔絵というか似姿というかを描くことで、グループの参加者が一人のペルソナについて一人ずつ、共通した印象を持つことができる。①から⑫の言葉だけで想像するのでは、グループ参加者それぞれに頭に浮かぶ姿は異なるだろう。

別々の風貌や様子のペルソナを想像していては、グループで協力して物語を作成するときに齟齬が生まれやすい。似顔絵によって明確に「この人」と限定することで、グループ内での共有も行いやすくなる。また、副産物的ではあるが、絵を描くことでグループ内で親和性が高まることも期待できる。

これによって、地域魅力・革新創造スパイラルの編集ステージである物語構築の準備、物語の主人公であるペルソナを立ち上げることができた。第5

章の閑話休題も少々長くなった。物語については、次章以降で考えよう。

第6章

私たちは
「よく生きる(ウェルビーイングの)」
ために誰に何を託すのか

> ### 章のはじめに

　アニッシュ・カプーアという美術家がいる。1954年生まれでインド出身である。彫刻家と言われることもあるが、立体作家と紹介した方がいいかもしれない。とはいえ、平面作品も制作、展覧しているので、やはり美術家というほうが望ましいだろう。

　カプーアの作品のうち、はじめて見て、強い関心をもったものに、「虚ろなる母」というものがある。深い青の立体だ。卵形を二つに綺麗に割った片方のような形をしている。「虚ろなる母」を卵形の割れている方向から見ていたとき、身体がぐらりと前に傾くのを感じた。見ている目に導かれて、割れているなかへ引き込まれていく。そういう印象だった。

　割れているなかも深い青に塗られているのだろうが、それは青と言うより、深い淵に引き込むような暗闇に見えた。その暗闇が私を引き込もうとしていた。

　「虚ろなる母」は福岡市美術館に展示されている。幸いなことに国内にあるわけだ。ぜひ一度、見に行ってほしい。人の持つ空間感覚の頼りなさを意識できる。

　それ以降、カプーアは気になる美術家になった。2023年12月の年末に知人の女性と、東京・神宮前にある GYRE GALLERY を訪れた。そう広くないギャラリーだが、そこで、カプーアの「奪われた自由への眼差し　監視社会の未来」という展示が行われていた。

　飛び散る血液と、形も判然としない肉塊のような立体が壁に寄りかかっていたり、床の上に小山のようになって置かれている。知人女性と二人だったわけだが、これがデートだったとしたら、散々な場所だ。体調が悪ければ吐き気を催しても仕方が無いような展示だった。デートというロマンチックな状況ではなかったことが幸いだった。

　そう、吐き気を催しても仕方が無いような作品。日常に流されながら、ウ

クライナで、ガザで、スーダンで、ミャンマーで、さらにいろいろな場所で、何も語らなくなった、そうした肉塊のようなものがある。吐き気を催すような状況だ。私たちはそのなかにいる。

　アートは露呈でもある。隠されていることを敢えて見せる。それも、想像力を刺激する方法で見せる。私たちも生きていかなくてはならないから、常に吐き気を催していることはできない。日常はだいじだ。しかし、日常は放っておけばゆでガエルになる。アートのいくつかは、徐々に熱くなっているが気づかずにいる私の頭に、冷水をかける仕掛けになることがある。

　カプーアについて述べたかったのは「虚ろなる母」と「奪われた自由への眼差し　監視社会の未来」について言及したかったからではなかった。「シモン・ボッカネグラ」。ジュゼッペ・ヴェルディ作曲のオペラの話だ。

　シモン・ボッカネグラは、著名なオペラである椿姫や蝶々夫人などに比べれば、ずいぶんと複雑な内容である。14世紀のジェノヴァでの平民派と貴族派の対立が背景になる。平民派の総督候補であるシモン・ボッカネグラは貴族派のフィエスコの娘マリアと恋に落ちる。しかし、マリアは死ぬ。

　シモンとマリアの間に生まれた娘アメーリアは、フィエスコに養育され、貴族派のガブリエーレと恋をする。しかし、パオロという悪漢に誘拐される。誘拐犯をシモンだと誤解したガブリエーレはフィエスコとともに、パオロに唆されて、シモンを襲う。一方でパオロはシモンに毒を盛る。

　事情を知っているアメーリアがガブリエーレとフィエスコに真実を伝える。シモンとフィエスコ、ガブリエーレは和解し、シモンが次の総督にガブリエーレを指名する。しかし、シモンは毒によって死ぬ。

　まぁ、こういう作品なのだが、ここまでの短い紹介で「しかし」が3つもあったことに気づいただろうか。それだけ複雑なわけだが、この複雑さは、そのまま、私たちが生きるということにつながる。生きている人間は、単純な物語を生きているわけではない。「しかし」が頻出する、それぞれの複雑な物語を、なんとか生き延びている。

　アニッシュ・カプーアの話だ。2023年11月に東京・初台の新国立劇場の舞

台で演じられたシモン・ボッカネグラの舞台美術を担ったのはカプーアである。オペラは演出や舞台美術の多様性が強く、同じタイトルの作品でも、ずいぶんと演出や美術が異なる。

　このシモン・ボッカネグラの美術で、カプーアは「逆さまの活火山」を重要なモチーフにして舞台を作っていた。さまざまなトーンの赤と黒、そして白。舞台は溶岩の上にあるように見える。流れ出る赤い溶岩から冷え固まった白い溶岩に変化している印象もある。

　私たちは、いつでも爆発し、溶岩を降り注がせることのできる、逆さまの活火山の下にいるのかもしれない。私たちは過去の爆発で血液のような赤さで流れ出し、今は白く冷え固まっている溶岩の上にいるのかもしれない。

　そうした未来及び現在の危機と、過去の悲劇に意識的になることをカプーアは強いているようにも思う。GYRE GALLERYの作品を思えば、カプーアにそうした考え方があったと考えることを一概に否むこともできないだろう。

　シモン・ボッカネグラは舞台上で死ぬ。しかし、シモンの娘は、敵であったフィエスコに育てられ成長し、ガブリエーレという恋人を得た。シモンを襲おうとしたガブリエーレはシモンと和解し、次の総督として、シモンから後事を託された。そして、私たちもいつか死ぬ。私たちは誰に何を託すのか。

　もうひとつ。活火山のことがある。20世紀前半にイギリスで生きた小説家であり詩人のマルカム・ラウリーに『活火山の下』という作品がある。よくわからない小説だ。筋があるのかどうか、必ずしもはっきりしない。本当なのか駄法螺なのかもわからなくなる。ちなみに新訳では『火山の下に』になっている。

　メキシコ・クアウナワクには二つの火山がある。英国領事だったジェフリー・ファーミンは、妻に去られ、常に酔っている。ある年のメキシコの祭り「死者の日」に突然戻ってきた妻とクアウナワクの町を「酔っており、しらふであり、二日酔い」でふらつくように歩く。そこに、さまざまな人物たちが現れる。ファーミンはおそらくは破滅に向かっている、たった一日の出

来事による作品だ。

　私たちがジェフリー・ファーミンでないと言える理由は何か。兒玉絵美は、その回答を与えてくれるだろうか。

> 事例
無人駅がひらくと地域がひらく
―住民が主役となる地域芸術祭―

特定非営利活動法人クロスメディアしまだ理事長 **兒玉絵美**（一部補記 河井）

　静岡県を流れる大井川の中流域に抜里（ぬくり）という小さな集落があります。山々に囲まれ、大井川鉄道の無人駅から広大な茶畑が広がる人口600人弱の小さな集落です。この場所を中心に島田市及び川根本町の2つの市町を舞台に開催しているのが、地域芸術祭「UNMANNED 無人駅の芸術祭／大井川（以下「無人駅の芸術祭」）」です。

　新潟県や瀬戸内海などで開かれている大規模な国際芸術祭をはじめとして、全国各地で多くの芸術祭が行われています。そうしたなかで、無人駅の芸術祭は、現代美術を中心とした内容を掲載し、専門家にも支持されている雑誌である『美術手帖』のweb版で、3年連続「今年注目の国際芸術祭10選」に選出されています。

　無人駅の芸術祭は、国際的な芸術祭と比べ小さな予算ですが、アーティストと住民による協働の取り組みによって、地域をあらわす見応えある現代アート作品が展示されることで全国的に認知されています。

　2018年から開催を重ね、毎年2～3月に約1か月にわたり開催されます。無人駅舎が占いの館になったり、耕作放棄地である茶畑がキャンパスになったり、使われていない茶工場でパフォーマンスが行われるなど、無人となった場所がアートと共に展示されていると言ってもいいでしょう。

　無人駅の芸術祭を主催しているのは、2012年7月に発足したNPO法人クロスメディアしまだです。美術館の学芸員やキュレーターなど、芸術の専門家ではないメンバーが、地域づくりの視点から芸術祭を主催していることは他の芸術祭に比べても異色だと考えています。

　「ここには茶畑しかないから外から人なんて来ない」「年寄りしかいない」。これまで住民は自身の地域を説明するときに、このどちらかを言うことがほ

とんどでした。

　しかし、アーティストは、この地域の、茶畑の美しさ、吹き抜ける風の心地よさ、人の気配のない通りの風景などの一つ一つを、かけがえのない魅力だと認識します。住民が課題と考えていた手つかずの風景は、アートとして表現されるときには、課題ではなく魅力として把握されます。この課題と魅力の逆転が、地域づくりの1つの手段としてアートが機能する大きな理由になります。

　無人駅の芸術祭では、鑑賞者が訪れる会期だけではなく、アーティストが地域に訪れてリサーチを行う段階から、芸術祭として捉え、活動を行っています。芸術祭は、「ほりおこす」「あらわす」「ともにひらく」の3つのフェーズで組み立てられています。

　「ほりおこす」は、アーティストによる地域のリサーチを意味します。「あらわす」は滞在しての制作です。「ともにひらく」は鑑賞者が訪れる芸術祭の会期を指しています。3つのフェーズ全体には住民とアーティストの協働による様々な取り組みがあり、会期中の来訪者は作品を鑑賞することにとどまらず、作品のさらに先にある、地域の風景や風習、人の営みを発見することが期待されます。

　無人駅の芸術祭で活躍する人々は、地域団体「抜里エコポリス」を中心とした60歳から70歳代の住民です。こうした人々には、地域の基幹産業になっている茶業の従事者や、兼業農家が多くいます。彼らは一通りの農作業のための道具と、農業に関する様々な技術と知恵を持っています。

　冠婚葬祭、特にお葬式は、コロナ禍以前まで、集落の人々の協力のもとで、それぞれの家々で執り行われていました。そのため、竹などを使用して葬礼の道具を手作りしたり、しめ縄や門松などの季節の行事に必要なものを作ったりする技術を持ち合わせた器用な人が多くいます。

　また、こうした人たちは、山林、畑、空き家などの持ち主や、その様子、地域における人間関係もよく知っています。外からやってきたアーティストにとっては、このように製作の技術と、地元の知識を持ち合わせている人た

ちは、かけがえのない「先生」という存在になります。

　アート作品の制作という作業は、アーティストの頭の中にしかゴールがなく、周囲からは窺い知ることができません。アーティストが、周囲には予測不能で、既存の価値観からはみ出したものを制作することが興味深い状況を作り出します。

　地域に住む人々にとって、ゴールのわからないアート作品を制作するということにより、上下関係のない協力体制が生まれます。アーティストと地域に住む人々が、共に考え、共に実践し、誰もが大切なメンバーになっていく状況です。こうした状況を示す、アーティストと住民による、いくつかのエピソードを示しましょう

　さとうりさは、無人駅の芸術祭に2018年から毎年参加している美術家です。プロジェクト型の「地蔵まえ」シリーズのうち2022年の「地蔵まえ4（縫い合わせ）」は約4mのバルーンの作品です。

　コロナ禍により県外との行き来が難しい状況の中で、さとうりさは、地域の人々にオンラインで作品のプランと制作方法を伝え、伝えられた人々が型紙の切り抜きやトレース作業という制作の一部を担いました。さとうりさ自身のいないところで、人に制作を委ねられるまでに、さとうりさと住民の間に信頼関係が構築されているからできることです。

「さとうりさ／地蔵まえ4（縫い合わせ）」の
作品ガイドを行う地域住民

地域の人々にも、さとうりさの表現の根幹を担っているという自負があり
ました。この作品は会期の週末ごと広大な茶畑に現れます。設置と撤収は、
当日の天気や風の状況を見ながら住民が主体的に行うのです。

　鑑賞者である芸術祭来訪者がさとうりさの作品を鑑賞するためには、週末
ごとの展示作業が絶対に必要です。そうした展示作業を、地域の人々が「お
らが作品」として考え、管理までを担うようになっています。その結果、来
訪者にとっては「縫い合わせ／サトゴシガン」を設置する地域の人々に出会
えることも、重要な価値として認識されています。

　地域の人々に最も思い出に残る作品を聞けば、2021年の小山真徳「沢蟹と
盃」があげられると思います。「沢蟹と盃」では、竹で編まれた直径15メー
トルの巨大な「盃」が約2か月にわたり制作されました。

　制作会場近くにはグラウンドゴルフ場がありました。グラウンドゴルフを
楽しむ地域の人々の横で、一人で、来る日も来る日も竹を編み進める小山真
徳の姿は次第に地域の人々の心を動かしていきました。

　手伝いに行く人、様子を見に行く人など集落全体で応援する気運が生まれ

「さとうりさ／地蔵まえ4（縫い合わせ）」の
展示作業をする住民の様子

はじめました。制作の最終段階においてドーム状に編まれた盃をひっくり返す作業には総勢40名が集結しました。アーティストと住民が共に知恵を出し合って作業を行う中では、白熱しすぎて住民同士が口論になる場面もあったほどです。

　無事に作業が成功した時には、みなで涙を流して大喜びしました。地域の人々がアーティスト以上に作品の設置に対して本気になったのは、アーティストが制作に打ち込む背中を見ていたからです。「沢蟹と盃」は、芸術祭会期中も地域の人々の声掛けにより多くの来訪者が鑑賞する人気作品となりました。

　アーティストが地域の人々の魅力に気付くことで、作品になった事例もあります。江頭誠は戦後日本で独自に普及した花柄の毛布を主な素材として、立体作品やインスタレーション作品を手掛けるアーティストです。

　2020年の「間にあるもの」の制作に際して、江頭誠は「この芸術祭の一番の魅力と価値はこの地域に住む人達だ」という気づきにより、農作業をはじめ地域の暮らしを表現する衣装を制作し、それを住民が纏うファッションショーを開催しました。江頭誠のアートワークにおいて「人」が登場するのは極めて珍しく、自身の表現の域を新たな形で越境することに地域の人々の力が作用しました。

　アーティストの表現プランも芸術祭開始当初より変化が生じていきました。

「沢蟹と盃」

初期には、駅舎を舞台に作品を設置したり、駅舎そのものをアート作品に変容させるものが多くありましたが、次第に、作品は地域の中へ表現の場を移していきました。耕作放棄地や空き家、さらに地域の人々自体が作品となったり、作品に登場するプランが多く創出されるようになっていきました。

こうしたなかで、制作に関わった地域の人々は自発的に来場者をおもてなしするようになっていきました。鑑賞のために来訪した人々に、農作業の手を止めて声をかけたり、制作に関わった話をしたり、時には山頂の作品や駅まで送迎したり、作品の脇でお茶を接待したりすることもあります。

これらのエピソードは、来訪者から感謝の言葉とともにインフォメーションセンターに寄せられています。運営者が依頼しなくても、おもてなしの渦が広がっています。来訪者からは「たくさんの人に声をかけてもらって、地域に受け入れられていると実感した」「会期中以外にもおじさん達に会いにまた来たい」等の感想が寄せられています。作品にとどまらず、その先にある地域や地域の人々のファンになる状況が生まれています。

アーティストと地域の人々の関係が、アートがわかる・わからないという区分を超えて、大きな輪、多様な言葉になっています。来訪者は作品そのものの鑑賞にとどまらず、地域や地域の人々との出会いや交流を期待するようになっています。

江頭誠ファッションショー

来訪者は、住民に声をかけてもらうことを「特別な自分だけの体験」だと認識し、旅行者や作品だけの鑑賞者から地域の人々に受け入れてもらったような感覚を持つようになります。そうした経験が来訪した人々をリピーターにし、さらにサポーターへと変容させていきます。

　アーティストと地域の人々の交流と協働のきっかけを生み出すものが「寄り合い」の場です。この「寄り合い」の場でのコーディネートは、10年以上にわたって、多様な人々や団体のコーディネートを行ってきたNPO法人クロスメディアしまだが培ってきた手法を生かしています。

　この手法にはいくつかの要素があります。「寄り合い」の場はアーティストではなく、地域の人々が主役です。誰かが一方的に話し続ける雰囲気は作らないようにします。難しい話はしません。こうしたことに気を配りつつ、制作の相談や、作品のコンセプト、アーティストがどんな情報が欲しいのかという事柄が、いつのまにか話題にあがりやすい空気を作っていきます。

　「寄り合い」の場では、言葉はわかりやすく具体的に言い換えます。地域の人々が理解できない横文字や言葉が使われることは、意識しなくても、地域の人々を排除することになるからです。

　このように工夫された「寄り合い」の場で、地域の人々はアーティストの作品と人間性を理解するようになり、受け入れていきます。アーティストも、知識と技術を持って受け入れてくれる人として地域の人々をリスペクトすることになります。

　この「寄り合い」が催される場所がヌクリハウスです。ヌクリハウスは、無人駅の芸術祭会期中はインフォメーションセンターとして機能するとともに、制作の期間においては、アーティストの滞在拠点となります。

　NPO法人クロスメディアしまだが2022年に空き家を購入し、リノベーションを行い、一般客も宿泊できるゲストハウスとしても運営を行ってきました。無人駅の芸術祭の開催当初から1階の和室はアーティストと住民の「寄り合い」の場になっています。

　ヌクリハウスは、アートと地域の「接着点」の機能を持っています。地域

内に公共施設はありますが、なかなか日常的に使える場所とは言いにくい現状です。居酒屋もない抜里集落において、アーティストと地域の人々による作品制作の作業を終えた後の慰労会や、作品制作の打ち合わせが行われます。

　ヌクリハウスは芸術祭以外にもさまざまな使われ方のする場所になっています。町内会の会合やお祭りの準備にも使われます。時には、婚約の際の両家の顔合わせなどに使われることもあります。

　無人駅の芸術祭の取り組みをきっかけに誕生した交流拠点「ヌクリハウス」は、和室で地域住民たちが賑やかに焼酎を飲み交わし、隣の土間ではアーティストが作品制作をし、県外から来訪客が面白がって参加をする、そんな様々な人々が垣根無くつながる場になっています。地域も国籍も年代も超えて混ざり合う場こそが無人駅の芸術祭そのものの現われでもあると思っています。

　「寄り合い」という場で、関わりを深めたアーティストと地域の人々との取り組みは、自然に地域における様々な課題に向いていきました。「農家しか行かない通称『ぼいんぼいん山』という山が荒れている」「耕作放棄地が増えている」など、地域の人々が課題として感じていることを「寄り合い」でアーティストに話すようになりました。

　無人駅の芸術祭の開催を通じ、地域の人々が地域課題に対して前向きに

ヌクリハウスでの「寄り合い」の様子

なったことのあらわれだと考えます。そうしたなかから生まれたものが「ぬくりアート回廊プロジェクト」です。抜里地域にある寺山という山があります。地域の人々は、寺山を「ぼいんぼいん山」と呼んでいます。

アーティストたちは、「寄り合い」で地域の人々から「ぼいんぼいん山には、昔は尾根伝いに隣の集落まで行ける道があった」「その途中には茶屋があった」など、ぼいんぼいん山にまつわる昔話を聞くことがありました。

話を聞いたアーティストは、興味を持ち、作品表現の場としたり、大学のフィールドワークの舞台としたりなど取り組みが行われていきました。ぼいんぼいん山の頂上へと向かうハイキングコースには、ヒデミニシダ監修による女子美術大学ゼミ生の「風景を聴く」をコンセプトとした作品群が設置され「音の要塞」プロジェクトとして展開されています。

地域の人々やサポーターも、朽ちていた古道を掘り起こし、看板を設置して、ぼいんぼいん山を、通年においてアートハイキングのできる山に変えていっています。

無人駅の芸術祭が災害復旧に寄与した例もあります。2022年10月に台風15号が静岡県中部地方を襲いました。多くの人家が床上浸水の被害に見舞われました。NPO法人クロスメディアしまだの私たちも連日にわたって、復旧ボランティアへの参加に向けて声掛けを行いました。

復旧がひと段落した頃、住民の一人が「長年ホタルの幼虫を育てていた井

「ヒデミニシダ／境界のあそび場Ⅳ／音の要塞」

水が土砂で埋まってしまった。長さが500mもあり復旧は難しい。」と口を開きました。緊急事態にホタルごときで声をあげては不謹慎だという思いがあったのだと思います。

　私たちが無人駅の芸術祭を通じて呼びかけを行ったところ、今までの来場者やサポーター、アーティストが全国から駆け付けてくれました。当日は、地域の人々もあわせて50人以上で作業を行うことができました。

　無理だと思われていた復旧は一日で完了することができました。次の年、地域の人々が主催するホタル観賞会では、復旧に努力した人々が再会を喜び合い、改めて感謝を伝える場面もありました。無人駅の芸術祭を通した相互の気持ちの交流が可視化された瞬間です。地域の人々にとっても、さまざまな人々を受け入れ、多くの関係を創ることで、これからの地域が持続していくことができると認識できた一日だったと考えます。

　「UNMANNED無人駅の芸術祭／大井川」における、アーティストと地域の人々との関係から生まれた変化について記してきました。ここからはアートによる地域づくりにおけるコーディネーターの重要性について述べていきましょう。

　全国各地で様々な形式による芸術祭が行われています。地域を舞台とした芸術祭においては、アートと地域、アーティストと地域の人々が関わりを持った、その先での化学反応が十分に生まれたかが、芸術祭の成否を計る重要な指標だと考えます。

　数値にすることは難しいですが、アーティストと地域の人々の交流の深度と濃度が作品の質に大きく作用すると思います。アート側によるキュレーションだけでは化学反応が生まれません。アートと地域の双方をつなぐ「コーディネート」が非常に重要になります。

　地域側が、外からの多様な人々を受け入れていく土壌を創り出すためにつなぎ手の存在が必要になります。異なった価値観を持った地域の人々とアーティストが協働していくためには、「寄り合い」の場を設けることをはじめとして、双方の言葉や視点のかみくだき方や、正解と不正解ということに拘

泥しない考え方、地域にもともとある考え方を尊重し、蔑ろにしない話し方など、コーディネートの役割は無数にあります。

　地域という場が、作品にとっての単なる設置場所になってはいけないでしょう。アーティストと地域の人々の交流と協働の場となることが必要です。これから行われる地域を舞台とする芸術祭には、作品が地域の深いところから芽生えていくような状況が生まれてくることが期待されます。そのためには、述べてきたようなコーディネートをする存在が重要になります。

　「地域を予測不能な視点で捉え、課題を魅力に変換する」、「アーティストという地域にとっての"異分子"が地域の人と混ざり合うことで起こる化学反応」、この2点がアートによる地域づくりの可能性であり、アートの持つ可能性そのものだと、取り組みを通じて実感しています。

　過疎や少子高齢化、コミュニティの担い手の減少など、日本全国の地方を取り巻く言葉に前向きなものは多くありません。人が減り、高齢化が進む今の日本において、人の数だけで地域の未来を測ることはできないと、無人駅の芸術祭の取り組みを通じて実感しています。

　無人駅の芸術祭の約10年にわたる開催によって、地域の人々の地域への愛着と誇り、主体的に地域と芸術祭に関わる熱量は非常に強いものになっています。アーティストがやってくることを楽しみに待ち、再訪を喜び合い、作品プランから共に考え、自分のことのように制作を共に行い、作品管理までを主体的に行う姿があります。同時に、ホタルの保全活動など既存の地域活動にも精力的に取り組まれています。

　年齢や人数は地域にとっては熱を持たない記号のようなものなのではないかと思います。地域の人々が主体となる地域づくりとは、多様な人々を受け入れるための地域の土台づくりのことです。

　確かに人は減っていくでしょう。しかし、地域に住んではいなくても、さまざまな人々が、地域に何度も訪れ、地域の人々が受け入れる。地域というものの枠が淡く広がりながら、地域という「器」を地域に住む人々だけではなく、さまざまな人々と共に創っていくことが求められています。

無人駅の芸術祭の取り組みの中、シニアと呼ばれる住民が誰よりも、地域を住む人々だけではなく、さまざまな人々と共に創っていくことの重要性を理解するようになっていったことが、無人駅の芸術祭によって得られた大きな効果だと考えています。

　2024年も6月には抜里地区にホタルが飛びました。暗闇の中ほのかに、しかし力強く点滅する光は、抜里地区の希望の光のように思えました。無人駅の芸術祭の取り組みを通して、地域の土台は確実に強固なものになっています。

閑話休題

　兒玉絵美は、私たちに破滅ではない物語を示してくれたのかもしれない。よく生きる（ウェルビーイングの）ための物語というより、物語を紡ぐことによって、よく生きる（ウェルビーイングな）ことができるように。

　地域魅力・革新創造スパイラルの編集ステージについて、地域での物語を生きる主人公である３人のペルソナについては既に述べた。ここでは、そのペルソナたちが紡ぐ物語をどのように構築するのかを考えていこう。

　ワークショップのグループごとに、魅力や関与機会の書かれた付箋が貼られた模造紙とは別の、もう一枚の模造紙を用意する。新たに用意した模造紙を、長辺を基準に３つ折りにする。３つ折りにした模造紙を縦長にすると、短辺を上にして３つの横長の四角い枠ができる。

　その３つの枠の左の辺に寄せて、先に作成したペルソナのＡ４の紙をそれぞれ置く。左に寄せて置かれたＡ４の紙の右には広めの空白ができるはずだ。その部分に矢印のある２本の線を、次に述べる要領で、縦と横に垂直に書く。

　上に向けた矢印のある縦の矢印線は、置かれたＡ４の紙から３センチほど話して引く。横線は、それぞれの枠の一番下、つまり、３つあるうちの上と真ん中の枠では下の折れ線、一番下の枠では模造紙の下の短辺から３センチほど上に、右端に矢印を描くことになる。

　ペルソナを描いたＡ４の紙と、縦矢印線の間にある３センチの空白には、縦書きで「希望実現度」と書く。縦矢印線と横矢印線の交差しているところ、折れ線グラフで言えば原点の下にある３センチの空白にペルソナの年齢を数字で書けば、それぞれのペルソナが地域で「よく生きる（ウェルビーイングな）」物語を紡ぐ準備ができたことになる。

　いよいよ、３人のペルソナが、地域の魅力と関与機会を活用することによって、悩みを解決し、希望を実現する物語の作成になる。物語の作成に当たって、いくつかの留意点がある。

　まず、物語は常に原点であるＡ４用紙から始まることを忘れてはならない。

確かに、それぞれのペルソナには、Ａ４の紙に書かれた状況になるまでの前史はあるだろう。しかし、この物語は前に進む物語だ。前史はＡ４に込められていると考えることで、物語を進めやすくなる。

次に、作成した物語によって、Ａ４の紙に記した希望は必ず実現させ、悩みは解決しなければならない。実現の方向性が生まれたとか、解決するめどが立ったのではなく、「実現した」「解決した」という物語を作り出す。

言い換えれば、ペルソナを設定する段階で、実現できない希望や解決できない悩みを記述しないことが必要になる。

物語の素材は、さきほど一旦脇に置いた模造紙に貼られた、魅力と関与機会を記した付箋になる。３人のペルソナの準備ができた模造紙を机に広げる。魅力や関与機会の付箋が貼られた模造紙は、いつでも参照できるように近くに置くか、用意したホワイトボードなどに貼っておけば、作業しやすいだろ

図6-1 物語の準備

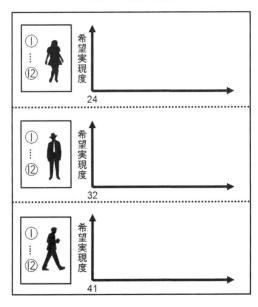

う。

　この魅力や関与機会の模造紙から、3人のペルソナそれぞれの物語を紡ぐ資料として、一人のペルソナごとに16枚の付箋を剥がし、ペルソナの模造紙に貼り替える。ペルソナを設定する際の意見交換で、ある程度、目星が付いていることが多いとは思うが、改めて確認しつつ貼り替えることになる。

　この16枚については、9種の魅力に関与機会を加えた10種すべてを用いることが必要になる。ワークショップの参加者が、地域にある多種多様な魅力や関与機会が、どのように働くかを意識化するための方法だ。

　ペルソナが課題を解決し、希望を実現する物語を紡ぐについては、挫折を用意することが意義を持つ。人が生きる実際の物語では、順調に進むことばかりではあり得ない。小さかったり、大きかったりする挫折を経験し、それを乗り越えながら生きていくことが当たり前だ。

　このペルソナの物語でも、挫折を設定し、その挫折を9種の魅力や関与機会によって乗り越えていく。挫折は深いものでも、ごく浅いものでも構わない。地域にある魅力や関与機会によっても、乗り越えられる挫折のありようは異なるだろう。そうしたことも勘案して、挫折を設定することが求められる。

　ペルソナを記載したＡ4用紙の貼られた模造紙に物語を記述する際に一つ工夫がある。縦の矢印である希望実現度と横の矢印である年齢推移を参照しつつ、希望実現に向けた進捗度を曲線として描くことだ。

　どの年齢で、この魅力に出会うのか。何歳で挫折を経験するのか、その挫折を克服するために幾つで関与機会を活用するのか、グループの参加者が、それらを十分に共有するためにも、希望実現度曲線は意義を持つ。

　このようにして、3人のペルソナが、模造紙に貼られた10種16枚の魅力や関与機会を用いて、悩みや課題を解決し、挫折を乗り越えつつ、地域への何らかの関与を行い、希望・野望を実現する物語を創っていく。

　しかし、物語を作って行くにつれて、設定した①から⑫のペルソナ設定では、十分に展開できないこともあり得るだろう。そういうときには、ペルソ

ナの設定を変更すればいい。当初のペルソナ設定は仮置きとして考える。

そもそも設定したペルソナは、発散の段階であげられた魅力や関与機会を用いることで、希望を実現できるだろう架空の人格だったはずだ。そのペルソナが、付箋に書かれた魅力や関与機会では十分に希望を実現できないのであれば、当然、ペルソナの設定を変えなければならない。

それによって、その地域に、より適合したペルソナが提示できる。つまり、その地域では、どのような思いを持っている人々が生きやすいのか、希望を実現しやすいのかが明らかになっていく。

なお、この段階で、魅力や関与機会の付箋を新たに書き加え、追加することは勧めない。一定の限定を設けることで、ワークが行いやすくなる。野放図な追加を認めてしまうと、発散、共有。編集の各段階をいつまでも行ったり来たりして収拾が付きにくくなると考える。

このペルソナの物語を作成することで、その地域に関わって希望を実現できる人、つまり地域への関与を呼びかけやすい対象者が発見できる。対象者

図6-2 付箋と年齢、希望実現度曲線のある物語

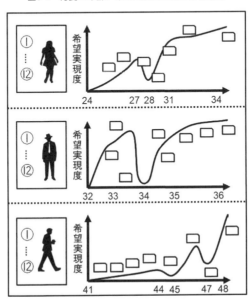

が発見できれば、その対象者がどのような時期に、どのような要素に共感しやすいかを想定できることになり、地域の魅力や関与機会を訴求する時期を発見することができる。

さらに、その対象者がどこで情報に出会うかを考えることが可能になり、地域の魅力や関与機会の情報を訴求する場所を発見することにもつながる。

また、ワークショップの参加者にとって、あるいは行政などのワークショップの運営や企画を行うものにとっても、地域を平面的、スタティックなものとしてではなく、人が成長する場として、立体的に、ダイナミックに把握することが可能になる。

同様に、地域への関与を呼びかけられ、関わった人々が、関与機会を通じて地域の担い手に成長する過程を、ワークショップの参加者や運営者が実感することができる。これらによって、関与意欲の向上に資する地域を語る力が醸成され、よく生きる（ウェルビーイングな）ことに繋がっていくことは言うまでも無い

地域で生きる物語はいったん完成した。この物語をブラッシュアップしていこう。そのための方法は、また項を改めたい。

第7章

よく生きる
（ウェルビーイングな）
暮らしのために必要な視線

> ## 章のはじめに

　視線が人を当事者にする。視線とは見るものと見られるものをつなぐ線だ。さらに、見られるものが見返すときに当事者が生まれる。そう考えれば、見ること以上に見返すことの重要性が理解できる。

　地域に求められるものは、ただ、そこに居る者というより、自らを地域の当事者として意識できている者だ。そのとき、見返す視線が大事になる。もちろん、地域を見るように促すことがその前提にはなる。地域を見ることがない者が当事者になるはずはない。

　しかし、地域を見ることを促すだけでは足りない。地域から見返すこと、地域があなたを見返していることを十分にわかるような仕掛けが用意されていることが求められる。ここで地域が見返す対象は、住民というのっぺらぼうな存在ではなく、一人ひとり異なった顔をしているあなたという存在だ。

　靉光（あいみつ）という画家がいた。靉光は画名であり、日本人画家である。1907年に生まれ、1946年に死んだ。敗戦後に日本に帰れないまま、靉光は死んだ。靉光の作品はほとんど残っていない。

　そのなかで代表作とされる作品に『眼のある風景』というものがある。東京国立近代美術館に所蔵され、時々展示されているので、機会があればぜひ鑑賞してほしい。文化遺産オンラインのウェブサイトでも見ることができる印象的な作品である。絵画史的にはシュルレアリスムに区分されることになるだろう。シュルレアリスムは、ロートレアモンという詩人による「手術台の上のミシンとコウモリ傘の偶然の出会いのように美しい」という言葉で象徴される。

　『眼のある風景』には手術台もミシンもコウモリ傘も描かれていないが、岩のような、一方で軟体のような塊が描かれた真ん中に「眼」がある。顔はない。眼だけがある。作品を見る者を凝視するように見返している眼だ。どのような構図のせいなのかわからないが、この眼は、見ている私だけを見返

しているように見える。

　地域にも「眼のある風景」が必要だ。ここでいう眼は、行動経済学で言うナッジもどきの「ゴミを捨てるな」という看板文字の上に書かれた眼のことではない。「あなたが行っている地域への関与をなおざりに見落としてはいない」「あなたの力は小さくとも、どこかで誰かを幸せにすることに役立っている」という発見であり、宣言であり、取り組みである。こうした発見、宣言、取り組みが地域の当事者を作り出す。

　シュルレアリスムということから、ジョルジョ・デ・キリコを思い出す。デ・キリコ自身はシュルレアリストではなかったのかもしれないが、シュルレアリスムに大きな影響を与えた存在だ。彼は何種類かの傾向を持った作品を描いているが、そのなかに形而上絵画や新形而上絵画というものに分類される作品がある。

　形而上絵画や新形而上絵画の特徴に、空間の歪みがある。遠いのか近いのか、広いのか狭いのか、拡がっているのか縮んでいるのかがよくわからない。さらに時間の歪みもある。過去なのか現在なのか未来なのか、ここは過去で、あそこは現在なのか、混乱する。

　そして、それらの作品のほとんどは極めて静謐な印象を与える。剣闘士が戦っていても音は聞こえてこない。水浴しているはずなのに水の音はしない。画面の中では、いずれもが標本のように時間が止まってしまっているから音がしないのかもしれない。

　地域という空間や時間を、今、見えていると思っているままに受け入れていては、「このまちには何もありませんよ」という言葉に抵抗することはできない。地域のそこここにある空間を「あたりまえのものではない」という思いで見返してみる。地域に流れている時間を、いつもよりゆっくりと見直してみる。日常に流れる音をいったん遮断して、地域に別の音が流れているのではないかと聞き耳を立てる。

　宇都宮萌は福知山市で、どのように人々を見返す仕掛けを作り、どのように福知山市の空間、福知山市に流れる時間を再構成し、福知山市で潜んでい

た音に聞き耳を立てたのか。ゆっくりと読んでほしい。

> 事例
> # ブームが終わったあとの、物語のはじめかた

京都府福知山市　**宇都宮萌**（一部補記 河井）

「まちは、人によってつくられる。だから、まちの人にスポットを当てる」。こんな当たり前のことが、福知山では特別な意味をもちます。

京都府福知山市は、全国広報コンクールで高い評価を受けた「本能寺の変プロジェクト」や現在進行形の「福知山の変」など、明智光秀を軸に据えたシティプロモーションを展開しています。

なぜ光秀にこだわるのでしょうか。その答えは450年のまちの歴史にあります。昔々、丹波を平定した武将・明智光秀が川沿いの土地に「福智山」と名付けたまちをつくりました。光秀は「本能寺の変」までのわずか3年間で福知山城とその周辺地域の基盤を築き上げ、それが今日の福知山の根幹となっています。

光秀はまちづくりの先駆者であり、市民にとって「おとぎ話の中の主人公」です。地元のお祭りでは、「明智光秀丹波をひろめ、ひろめ丹波の福知山」と光秀ゆかりの音頭が踊られ、「福知山音頭」として親しまれています。まちの若者に「福知山のスターは誰」と聞いたら、明智光秀の名前が自然と挙がってくるでしょう。

明治時代になって福知山城の天守閣は取り壊されました。しかし、昭和に入ると市民の「まちのシンボルを取り戻そう」という熱意によって、天守閣を建て直すための「瓦一枚運動」が展開され、5億円以上の寄付が集まったことで、再建は果たされました。

近年では、明智光秀を主人公とするNHK大河ドラマの制作を求める署名活動が行われ、26万筆が集結しました。その成果もあってか、光秀が主人公となる大河ドラマ『麒麟がくる』が、2020年から21年にかけて放送されました。

大河ドラマの力もあり、今まで「謀反者」とされていた明智光秀は、「ヒーロー」としての新たなイメージを全国にも浸透させることとなります。福知山市民にとって、まちの立役者の名誉回復は、まさに「現代のおとぎ話」となりました。

　私たちは、3年間全力でシティプロモーションを展開してきました。しかし、光秀ムーブが頂点を極めた時点で、光秀の遺した歴史・文化資産にプロモーションを過度に依存することに「限界」を感じ始めました。おとぎ話は前向きな未来を夢想させてくれますが、おとぎ話そのものに、現実を変える力はありません。

　どうしたら、光秀に代わる新たなヒーローに出会うことができるでしょうか。私たちに新たな出会いをもたらす起点となったのは、2021年2月でした。

　私たちは、大河ドラマの終了と同時に、市民の挑戦心を「光秀マインド」と呼ぶ、「光秀マインドプロジェクト」を始動しました。ここでの市民とは、福知山市に住んでいる人だけではなく、まちに関わる人々などあらゆるステークホルダーのことを指しています。

　まずは、まちで挑戦する人々に光秀の姿を重ねたブランドムービーをつくることで、人々の思いとまちの歴史を連結させました。さらに、福知山城を舞台にした公募企画を行うことで、挑戦心を持つことを意味する「光秀マイ

大河ドラマ放送期間中の福知山市役所

ンド」を受け継ぐ市民を後押しする取り組みを行い、ひとつひとつのステップアップを行っていきました。

　この光秀マインドプロジェクトを実現する次の展開として考えたことは、新たな時代のヒーローとなる「ポスト明智光秀」になろうとする市民の物語を世に広めていくことです。この取り組みを効果的なものにするためには、それぞれのヒーローのビジョンを具現化するクリエイティブの力が不可欠だと考え、クリエイティブチームを結成しました。

　市役所からはプロデュース担当の私と、フォトグラファーとして全国広報コンクール一枚写真の部特選をとった職員・吉良恭蔵。そこに福知山市に移住してきたコピーライター／クリエイティブディレクターの佐藤舞葉さん、また佐藤さんのつながりで東京のアートディレクター古谷萌さんという第一線級のメンバーが加わり、強力な共創関係を築きました。そこで生まれたスローガンが「明智光秀を超えていけ」でした。

　光秀マインドプロジェクトの最も重要な取り組みが、クリエイティブチームと市民が共創するシティプロモーション「福知山の変」です。「光秀マインド」でまちを変えていく人々を「変化人（へんかびと）」と呼び、その人々の挑戦を紹介し、さらに、挑戦と応援の輪を広げることを目的としました。

　まず、行ったことは「明智光秀そっくりさん」の募集でした。応募のための職員手作りのバナーはアルバイト募集広告を模したものです。肖像画しか残っていない歴史上の偉人にそっくりという企画がSNSで広められ、「我こそは光秀なり」と国内外から50件もの応募が集まりました。応募者のなかにはロボットや赤ちゃんまでいたのです。この取り組みは、テレビ番組に密着されるなど大きな反響を得ました。

　「明智光秀そっくりさん」は、最終的に、福知山公立大学の学生が選ばれ、光秀を現代に接続する「福知山の変」の始まりを告げるステートメントの顔となります。肖像画と見比べると、だんだん似てくるように思えるのが不思議でした。

ちなみに彼は大学で成績優秀によって優秀学生賞を受賞するほどの人材でした。彼は公務員を志し、なんと福知山市役所に入ることになりました。現在は社会福祉課に勤務し、能力を発揮しています。このようなユニークな人材との出会いも、光秀マインドプロジェクトの成果の一つと言えます。

　「光秀マインド」でまちを変えていく人々である変化人はこれまでに8人が登場しました。「その壱」吉田佐和子さん、「その弐」岩城四知さん、「その参」佐々井飛矢文さん、「その四」小林加奈子さん、「その五」水口一也さん、「その六」今川純さん、「その七」片野翔大さん、「その八」ジョセフィン・タニグチさんです。

　変化人として、まちに新たな視点や価値観をもたらす変革者たちの挑戦は、

職員手作りの光秀そっくりさん募集バナーと、光秀そっくりさん大集合記念バナー

「明智光秀を超えていけ」は「福知山の変」シリーズのスローガンとなっている

第7章　よく生きる（ウェルビーイングな）暮らしのために必要な視線

まちをより良くしたいという気持ちに支えられ、「光秀マインド」となってまちと深くつながっています。そんな彼らのストーリーは、同じまちを生きる私たちに説得力を持って届いてきます。

ポスターは、「変化人」の頭の中がポップにはじけ出す統一のデザインで、シリーズの連続性を演出しています。ただ、その内容は色とりどりです。変化人自身がモチーフのアイデアを出し、クリエイティブチームはそれを受けて、対象の内面や信念が透けて見えるようにデザインしました。

例えば、平均年齢約70歳という限界集落の地域おこしに「毛原の棚田ワンダービレッジプロジェクト」という心躍る名前を掲げて挑む地域住民の水口一也さんがいます。水口さんの頭の中は「里に住む26人全員」への思いでいっぱいです。

しかし、26人の中には、高齢で家から出づらい方もいるので、集合写真は難しい状況でした。そこで、26人の方の自宅や、待ち合わせ場所の公会堂に、職員が連日出向いて一人ひとり撮影した写真をもとに、アクリルスタンドを作りました。

このアクリルスタンドを組み合わせた「集合写真」をもとにポスターを制作し、里の田植え体験イベントで発表しました。ポスターには住民全員が掲載されたことからも感じ取れるオープンマインドな毛原の雰囲気は、新しい

「福知山の変」シリーズのポスターデザイン

試みを次々生み出し、ほかの地域と連携した地域おこしプロジェクトにも発展しています。

　小林加奈子さんは、大阪から移住してきた農家で起業家でもあります。小林さんは、水害を機に人の縁の大切さに気付き、女性農業者のコミュニティを立ち上げています。その経験から「変化人」の頭の中を表わすモチーフとして「野菜のブーケ」を提案してくれました。

　小林さんがコミュニティの女性農業者たちの野菜を集め、アートディレクターの古谷さんが、その野菜を即興で帽子風に組み立てて撮影しました。女性農業者たちの新たな展開をまちに知らせるため、完成したポスターは国際女性デーに発表されました。

　その後、小林さんは福知山市役所の子ども政策室からの打診を受け、子ども対象の公設フリースクールの外部講師も務めることになりました。こうし

千年つづく里をめざす毛原の棚田・水口一也さん

女性農業者をつなぐトマト農家の小林加奈子さん

たことを含め、小林さんは、地域における多様性と包摂性を高める活動を展開しつづけています。

　変化人の存在は、まわりの市民にも影響し、まちづくりへの意欲を大いに高めることがわかっています。「福知山の変」トークセッション参加者にアンケートでmGAP（修正地域参画総量）指数を測ると、変化人を知った人は「地域参加」「地域活動感謝」「地域推奨」の意欲がいずれも大幅に上昇しました。

　こうしたことからも、シビックプライドの醸成において、このプロジェクトは有効な取り組みであると認識しています。また、ここで得た知見を市民と共有することで、中学生や高校生も積極的にまちづくりに関与するようになっています。

　例を挙げれば、市内に「中学生広報パーソン」が誕生しました。彼らは探究学習の広報班として、他のプロジェクトを支援するなど、若い世代にまで出会いと共鳴が広がっています。

　そして、いま「福知山の変」は変化人の紹介にとどまらず、新たなプロジェクトの共創へと進化を始めています。

「福知山の変」協力者の方々とハロハロプロジェクトメンバー

2024年7月、外国人支援に奮闘するフィリピン出身のジョセフィン・タニグチさんを迎えた「福知山の変」その八の発表と同時に、多文化共生プロジェクト「Hello! ハロハロプロジェクト」がキックオフしました。
　市役所、変化人、NPO法人など多様な関係者が協力し、フィリピンの「混ぜこぜ」を意味するスイーツであるハロハロからインスピレーションを受けた、全ての人が「混ぜこぜ」になって尊重しあえるまちづくりを推進しています。
　このように、明智光秀の「おとぎ話」が終わりを迎えても、まちには新たな息吹きが生まれています。「明智光秀を超えていく」私たちの物語は、未来へとつながっていきます。

閑話休題

　福知山市の新しい物語は、着実に人々の力を高めている。この物語には魅力的な名付けが行われている。「福知山の変」や「光秀マインド」、「変化人」、そして「明智光秀を超えていけ」、いずれも当たり前ではない言葉をつくることで、取り組みを印象付け、さらに、聞いた者は誰かに伝えたい言葉となっている。

　地域魅力創造・革新サイクルにおいて、地域に関わる魅力や関与機会を発散し、それらを共有する。3人のペルソナが主人公となり、共有した地域魅力と関与機会を活用することで、その地域ならではの希望を実現する物語を作成する。

　この物語を作成することで、それぞれの地域で意味のある存在として「よく生きる」ためのありようが見えてくる。ある地域が他の地域に比べて、どのように異なり、どのように優れているのか、つまり差別的優位性が明確になる。地域のブランドが提示できることになる。

　しかし、この地域のブランドは十分な表現を求める。まずは言葉だ。ある地域の差別的優位性としてのブランドを十分に表現する言葉がなければ、そのブランドを伝え、地域に関わってほしい人々の意識や行動を変容させることはできない。

　ここでは、ペルソナが挫折を乗り越えつつ紡いだ物語を、どのように、伝えやすい、伝えたくなる言葉にしていくかを、私が実際に多くの地域で行っているワークショップを基礎に考えてみよう。

　まず、各グループごとに作られた3つの物語をワークショップ全体で共有する。そのための優れた方法がポスターセッション方式による発表だ。ここでのポスターセッション方式は次のように行われる。

　例えば、5人のグループが5つ、25人のワークショップだったとする。各グループで、第1発表者から第5発表者を決めてもらう。よくあるグループ発表のように、各グループの代表者が全員、この例では発表者を除いた24名

に向けて発表し、5グループあれば、5人の代表者が発表するという方法ではない。

　各グループごとに決めた第1発表者が5人いることになるので、この5人が一斉に発表する。それでは混乱してしまうように思われるだろうか。5人の発表は一斉に行われるが、発表する対象、聞いている人々も5つに分かれることになる。

　各グループが作成した3人のペルソナの物語が、付箋と希望到達度曲線によって記述された模造紙が5グループであれば5枚ある。この5枚がワークショップが行われる部屋の各所に置かれたホワイトボードに貼られる。

　それぞれのグループの第1発表者は、自グループの模造紙の前に立つ。5人が模造紙の前に立ったことになる。残りの20人は、自グループから離れて、他のグループの模造紙と発表者の前に、三々五々、向かう。20人がそれぞれ、発表を聞いてみたいグループの模造紙の前に分かれたところで、コーディネートをしている私から「それぞれの第1発表者の皆さんは発表を始めてください」と声がかかる。

　このとき、自らの前に、発表を聞こうという者が誰も立っていなければ、そのグループの発表はお休みである。第1発表者だったはずの者は、他のグループの発表を聞きに行ってもいいし、ただ休憩していてもいい。

　自らの前に一人でも「このグループの発表を聞こう」と立つ者がいれば、コーディネーターの声とともに発表を始める、3人のペルソナの物語を発表するので、丁寧に説明すれば10分ほどはかかる場合もあるだろう。

　第1発表者からの10分弱の発表を聞き終えた者たちは、適宜、質問をしたり、感想を述べる。第1発表者は答えられる範囲で回答する。この質問や回答、意見交換が一段落したところで、コーディネーターが「質問と回答が終わったところは解散して元の席にお戻りください」と声をかける。

　それぞれが席に戻る。グループの全員が席に戻ったところで、第1発表者は、十分に説明できなかったところ、物語に矛盾を発見したところ、質問を受けて的確な答えができなかったところを紹介する。ここが重要になる。

自分たちのグループ内でワイワイガヤガヤと意見交換し、付箋を利用して物語を作っているときには、勢いで「わかったつもり」になってしまっている部分がある。第1発表者が発表する中で、その部分が明らかになる。あるいは、想定していなかった質問を得ることで、より明確にしなくてはいけない箇所が見える。こうした内容を共有することで、3人のペルソナの物語はブラッシュアップされていく。

　この工程を、この例であれば、第5発表者まで繰り返していくことで、物語はどんどんといいものになっていく。また、5人全員が発表することが大きな意義を持つ。先に述べたような、各グループの代表者だけが発表するようであれば、発表しない者は他人事になりやすい。

　それが、全員が発表することになれば、全員が物語をしっかりと理解しようとするようになる。地域を語れる力を醸成することになることは間違いないだろう。

　全員が発表することになるだけではない。このポスターセッション方式を行えば、全員がすべてのグループの発表を聞くことができる。そのうえで、次の取り組みになる。参加者それぞれが、すべての発表を聞いたうえで、地域の力を十分に活用し、納得できると考えた物語を2つあるいは3つ選び、選んだ物語に丸シールなどで印をつける。

　このとき選ぶ対象は3人のペルソナの物語の描かれた5枚の模造紙ではない。一人ひとりのペルソナの物語、5グループあわせて15の物語の中から選ぶことになる。ただし、自分たちのグループの物語からは選べない。

　このようにして、丸いシールが物語に貼られていく。何枚ものシールが貼られる物語があれば、1枚のシールも貼られない物語もあるだろう。地域の力が十分に活用できていないと評価された、物語としての筋に無理があると考えられたものが選ばれないことによって、地域の持つ差別的優位性や、暮らし方の特徴が見えないペルソナの物語は排除されることになる。

　ここで注意することは、この丸シールの投票は各グループの評価を行うためのものではないということだ。それぞれのグループごとの一枚の模造紙に

描かれた3人のペルソナの物語に投票された丸シールの数を合計することに意味はない。

　ここで必要なことは、各グループごとに、3人のペルソナの物語のなかで最も高い評価を得たものはどれなのかという確認である。この確認によって、次の段階である、地域のブランドを示す言葉を探す段階に用いることのできる素材としての物語が確定する。

　言葉を作る段階に至る準備について述べることに、思った以上の紙幅を要してしまった。ここで、いったん文章を区切り、これ以降については次の機会に述べることにしよう。

第8章

矮小であってもいい、
そこに崇高を
見つけられれば

章のはじめに

　カスパー・ダーヴィト・フリードリヒは、1774年9月5日に生まれて、1840年5月7日に死んだ。当時の世界地図における国境は現在のものとはずいぶんに異なるが、大まかに言えばドイツの画家である。

　フリードリヒは風景画を得意とした。雲であろう白い靄が流れる前に描かれたおそらくは相当に高い岩山の頂。朝日が空気をオレンジに染める広大な平原に数本の樹木があり、その遠く向こうに見える穏やかな山の連なり。こうした風景を描いた作品を思い出すことができる。

　また、小高い岩山の先に広々と描かれた、朝日だろうか夕日だろうか薄い光に照らされた帆船が浮かぶ海。画面の5分の4を占める空には荒れた雲が流れ、雲の下が黒みがかっているのは強い雨が降っているのか、さらにその下には、真っ黒な海と薄茶色の海岸が見えている。これらも自然の壮大さを示して、見るものを圧倒する。

　『雲海の上の旅人』『朝日の中の婦人』『海辺の月の出』『海辺の修道士』、それぞれの絵画のタイトルである。ただ、これらのタイトルは必ずしもフリードリヒが付けたものではない。また邦訳もさまざまにある。

　『雲海の上の旅人』には『霧海を眺める放浪者』という訳が、『海辺の修道士』には『海辺の僧侶』という訳があてられることもある。さらに、『朝日の中の婦人』に至っては、もともとのタイトルが不明なため『夕日に立つ女性』と朝夕が混乱しているものまである。

　とはいえ、これらの作品には一定の特徴がある。風景画ではあるが、そこに「人」がいるということだ。しかも、画中の人々はすべて後ろ向きである。絵を見る私たちを尻目に、壮大なる風景に息を呑み、腕を広げ、感嘆している。

　こうした姿を、ある評論家が「崇高」と名付けた。2008年に刊行された『フリードリヒ崇高のアリア』で、新保祐司は、フリードリヒの絵画の強い

特徴は「崇高」にあると述べている。峨々たる岩山、垂れ込める雲、波を得て広がる海、そうした風景に圧倒されつつ、生存する人の後ろ姿が崇高を表現する。

崇高とは、極めて突破が困難な状況のもとで、それでも、そこに立つ姿と考えることができる。立つことが精一杯で、挑むこともできないかもしれない、あるいは挑みつつ、敗れるのかもしれない。あるいは、万が一の可能性を垣間見る瞬間があるのかもしれない。よく生きる（ウェルビーイング）とは、そういうことだ。

フリードリヒにも人の存在しない風景画も多くある。しかし、『雲海の上の旅人』『朝日の中の婦人』『海辺の月の出』『海辺の修道士』を頭の隅に起きつつ、人物のいない風景画を見るとき、そこにいた人、そこから離れた人、そこを超えた人の残像を見てしまう。

東京・新宿のSOMPO美術館で2024年6月に「北欧の神秘―ノルウェー・スウェーデン・フィンランドの絵画」という展覧会を鑑賞した。いままで、まとまって鑑賞する機会のなかった北欧絵画が展覧された稀有な機会を見逃すつもりはなかった。

その展覧会の序章「神秘の源泉」のコーナーで、マルクス・ラーションの『滝のある岩場の景観』」を見た。遠近の巨大な岩山の連なりに水煙を上げる瀑布が描かれ、さらに、その水は奔流となって谷を流れている。フリードリヒを代表的画家とするドイツロマン主義を想起させる、ひと目見て「悪くない」と思った。

しかし、フリードリヒの作品とラーションの作品には決定的な相違がある。圧倒的な自然は同様であっても、その前に立つ、姿としては矮小だが、希求としては壮大高貴である「人物」がラーションには存在しない、存在した残像がない。

人物が存在しなければ、そこには立ち、挫け、乗り越える物語は生まれ得ない。崇高は自然や環境だけでは実現できない考え方だ。藤倉優貴は、崇高をどのように描き、どのように「よく生きる（ウェルビーイング）」につな

げていくだろうか。

> コラム
> # 市民の地域内での役割を可視化する仕組みづくり

コミュニケーション・プランナー　**藤倉優貴**（一部補記　河井）

「もっとみんなが楽に生きられたらいい」そんな風に思うことがあります。

医療福祉の業界でブランディングや組織開発の仕事に携わる中で地域とのつながりを考える機会が多くあります。

現在日本では、少子高齢化や核家族化が進み、人口減少もあいまって、血縁、地縁、社縁といった地域での共同体機能がもろく弱くなるなど、社会の前提やしくみが大きく変化しています。

地域にはさまざまな人が住んでいます。高齢者と障害を抱える子どもが同居する人や、育児と介護とを同時に担わなければならない、いわゆるダブルケアが必要となる人、がんを抱えながら就労を継続する方など、福祉に求めるものもさまざまに複合的なものになっています。

個人や世帯が抱える生きづらさや、リスクも複雑に、多様になっています。例えば社会的孤立や、子育てと親や親族の介護が同時期に発生するダブルケアという状態、80代の親が50代の子どもの生活を支える8050問題も起きています。

これらの課題は、誰にでも起こりうる社会的なリスクと言えますが、それぞれに異なり、対象者別の制度では、支援を実践するにあたって十分ではない状況になることが少なくありません。

こうした状況では、地域の人々の見守りや支援がとても重要な役割を持ち、高齢者や障がい者、子どもなどを支えるための社会的な仕組みを見直していくことが求められます。

年齢や性別、どこに住んでいるのか、どんな課題を抱えているのかという相違を超えて、誰もが役割を持ちながら地域社会に関わって、お互いがお互いを支え合う「地域共生社会」というものを実現するための取り組みを進め

ていくことが求められています。一部の誰かがいわゆる弱者を支えるのではなく、地域住民が互いに助け合うこと、それが住民一人ひとりの暮らしと生きがい、そして幸せにつながっていきます。

　そのような地域を共に創っていく社会構造を創っていくことは難しいのでしょうか。日本の社会はますます便利になる一方で、人とのつながりが希薄化しているといわれています。日本人はいつ頃から、近隣や自身が住んでいる地域、地域の人々への興味関心が薄れていってしまったのでしょうか。

　地域において、どのような仕掛けづくりをすることが、これからの地域の住民のウェルビーイング、つまり幸福が創り出せるのかを考えてみようと思います。

　かつての日本には、「向こう三軒両隣」「遠くの親戚よりも近くの他人」という言葉が納得できる暮らしがありました。100万都市であった江戸のまちでは、「長屋」という居住スタイルにより、お互いがお互いを助け合う空気が生まれ、密な近所づきあいが生まれていました。

　長屋とは、一棟を薄い壁で区切っているだけの住居スタイルで、良くも悪くも住民同士にプライバシーがなく、隣の家の生活音やけんかの声なども筒抜けになっています。超過密都心と呼ばれた江戸のまちでは、長屋暮らしが普通でした。

　その居住スタイルにより自然発生的に「互助」「共助」が生まれる長屋文化が形成されました。近隣の住民同士がお互いに家族の事情までよく知っており、食べるものや物を貸し借りまでするなどをして助け合い、密な関係が築かれていったと言われています。

　そこには、お互いの生活を思いやる「共有スペース」があり、近隣住民との絆を深めることになりました。「地縁」による支え合いということもできるでしょう。

　日本での大きな災害が起きた時に、諸外国のメディアは、日本に暮らす人々が助け合う姿や忍耐力や礼儀正しさに、賞賛の声を上げることが少なくありません。日本人の社会的、道徳的、倫理的な本質は、不易流行という言

葉のとおり100年以上前から変わることがないように思います。

　地域のつながりの希薄化は、人々を取り巻く環境の変化によってもたらされた可能性があります。日本を観光で訪れた諸外国の外国人からみても、日本はとても安全で便利な印象があるといいます。

　例えば、都市部に暮らしていれば、徒歩圏内にコンビニがあり、食料品はもちろん生活必需品は何でも手に入れることができます。公共交通機関でも、「地上・ホーム間」「乗り換え」がエレベーターのみで移動できるように、駅を便利に利用できる仕組みが沢山あります。

　「誰かに尋ねたり手助けを頼んだりするのは気が引ける」という、日本人の不便さや焦りを解消するためにますます便利になっていきます。そして１人でも生きていけるようなサービスが充実してきました。

　ここまで生活に便利さを求めるのはなぜでしょう。日本人は昔から「誰にも迷惑をかけずに生きていきたい」という遠慮深い国民性があります。その国民性に少々拍車がかかり「他人に迷惑をかけてはいけない」という教えがあるからではないでしょうか。

　江戸の長屋の居住スタイルのように、たとえ他人に迷惑をかけたくないという心理が働いたとしても、良くも悪くも内緒にできない構造が地域のつながりの希薄化を解消するヒントになると考えます。

　一方で、「誰にも迷惑をかけずに生きていきたい」という日本人の特性を変えようとする動きもありますが、それも難しいでしょう。人はどんなに意識したとしても国民性、性分からは完全に自由にはなれません。

　そのことを承知の上で構造化することで補完していけばいいのではと思っています。遠慮深い国民性として受け入れ、「互助」の精神が働くような、人を助けたくなるような構造を形作っていくことが、誰もが少しでも生きやすい世の中、地域を実現することにつながると考えます。

　それでは、地域住民同士または自分の住む地域に対して興味を持ち、地域全体がお互いを助け合えるになるには、どのようにして構造化すればいいのでしょう。

互助の精神を構造化することを考えるにあたり、人間の根源的な欲求である幸せ、幸福について考えてみようと思います。

私は、社会福祉法人や医療法人といった医療福祉業界で「組織の魅力づくり」というブランディングに携わる仕事をしています。

具体的には、病院や介護施設といった組織の、組織文化を構築し、その特性や独自性を組織イメージとして関係者とイメージを一致させ、信頼関係を醸成し、法人価値を高める活動をしています。

中でも、仕事のやりがいや生きがいが実感できる組織づくりに力を入れています。それにより、職員が現在働いている組織をどれだけ信頼しているのか、愛情を持てるのかという「職員エンゲージメント」を高めることができます。

職員の職場でのやりがいは、まず、組織内での職員相互を含めたコミュニケーション活動を的確に行うことにより向上させます。それだけにとどまらず、職員が組織外にむけてコミュニケーション活動を行うことが必要です。

こうした組織外にむけたコミュニケーション活動を通して、自分が組織や仕事に対して考えていること、感じていること、判断していることなどを、改めて客観的に捉えることができます。自らがどのように考えているかを考える力が高まるということもできるでしょう。

こうして、組織に属する人間として組織内外に発信することが、さらに組織へのエンゲージメントの向上や、職員の仕事へのやりがいを増大させることにつながります。

私がいま考えている職員の継続的な幸せを増大する取り組みの一つとして、職員のプロ意識の向上により、やりがいを高める取り組みを考えています。社会福祉法人の現場において、職員は「福祉サービスの専門家」であること、プロであるという認識を持ちづらい状況にありました。

社会福祉法人は、制度発足以来、高齢者や障がい者、子どもといった属性別、制度別の福祉サービスの担い手として、その専門性を高めてきました。

しかし、「人々の生活や暮らし」に携わる業務であるため、とても日常的

であり、その日常性ゆえに、その道のプロとしての意識を持ちづらいという環境でした。

そうした視点から、社会福祉法人が培ってきた専門性を誇りとして感じてもらうために、職員が施設の日常を飛び出しすことを促しました。これによって、地域の中で住民が抱える、非日常を含めた潜在的な課題を発見し、解決するための問題意識を高めることを企画しました。

こうした取り組みによって、日々の施設内における日常的な職務においても新たな発見が可能となり、意欲的に取り組めるのではないかと考えます。

このような発見を促していくことで、職員にとって日々の仕事が「研究対象」になり、視点が変化するのではと考えています。

具体的には、障がい者施設であれば、職員自らを「○○研究員」として位置づけます。この○○には職務上興味・関心があることを入れます。利用者である障がい者やその家族が抱える問題や、どのようにしたらより良い生活が営めるか、他の施設の施設長などとも意見交換し、自ら、プロとしての考えを発信する機会を作ります。そうした他の施設の施設長と、プロとして話す機会をつくることは大きな意義があります。

こうした取り組みによって、自身の行動が仕事へのやりがいへとつながるという考え方です。さらには、組織を横断して学習するサイクルという形をつくっていきたいと考えています。

ある民間企業では、全ての社員が面白く、主体的に働く環境をつくっていくために、全社員の肩書きに「人事部」を付けて名刺に記載しました。それによって、それぞれの社員が「採用」についての意識を向上させたといいます。

人事部の肩書をつけることで、社員が、一緒に働く新しい仲間を探し、自らが勤める会社を思わず周りに紹介したくなる、面白く働ける環境づくりを取り組むことにつながっています。肩書きが自分自身の使命となり積極的行動へとつながっている事例だと考えます。

これらの取り組みを、同じ地域における住民同士への興味・関心の醸成や

積極的な地域活動へと結びつけるヒントはないでしょうか。

一つの仮説として、所属する組織内での役割だけでなく、「地域という大きな枠組み」の中での役割を可視化させることで、地域住民の地域への興味・関心や地域問題への積極的な関与を促すことができるのではないかと考えます。

具体的には、地域の人々が「〇〇株式会社の藤倉」としてだけでなく、「島の歴史学者の藤倉」や「島の海を守る藤倉」、「島の中を気軽に移動できるようにする藤倉」など、その住民の趣味や、興味のある分野をきっかけとして、地域での役割を明確化してあげることです。それぞれに、「地域版の肩書きのある名刺」をつくってあげるイメージになります。

肩書をつけることで、地域内での自身の役割が可視化され、興味・関心を自分以外に向け内発的動機づけを促します。自身が地域の一員であることを認識し、地域の問題を自分ごととして捉え、地域の住民の生きがいや新たな挑戦意欲を醸成する取り組みになります。

そのためには、住民が肩書きをつけるに至るまでの工夫も必要でしょうし、肩書き付けを継続するためのいくつかの考え方も求められるでしょう。さらに、こうした取り組みへの参加者がメリットを感じる運営方法も必要となります。

時間対効果を意味するタイムパフォーマンス、それを短縮したタイパという言葉が広く使われるようになりました。ここには、他人に時間を使わせることについて、以前より慎重になり、人を雑談やお茶に誘うのを躊躇するようになった現代の姿が現れています。

これに対し、社会的意義のような大義や使命、楽しいといった幸福感につながるものをきっかけとして、対話できるコミュニティを構造化することが、自然発生的に「互助」「共助」が生まれた、かつての日本への回帰につながるのではないかと考えます。

最後に、幸福感には3つのタイプがあると言います。第1の「快感」、第2の「情熱」、第3の「崇高な目的」によって得ることのできる3つのタイ

プの幸福感です。

　この幸福感の3つのタイプは、マーティン・セリグマンの著書『世界で一つだけの幸せ』をもとに、アメリカ合衆国のオンライン靴店ザッポスの創業者CEOであるトニー・シェイが言い換えた表現です。

　第1の「快感」は、快感で得られる幸福感を表します。常により一層の高揚感を追い求めるものでありますが、刺激を与えてくれる根源的なものがなくなれば幸福度は急速に下がってしまいます。そのため3つの幸福感の中で最も長続きしないといわれています。

　第2の「情熱」は、情熱で得られるタイプの幸福感です。最高に集中している時に最高のパフォーマンスができるというもので、そこでは時間的感覚がなくなり、「フロー状態」や「ゾーンに入った」と表現されます。この「情熱」という幸福感は2番目に長続きするといわれています。

　第3の「崇高な目的」とは、崇高な目的によって得られる幸福感であり、自分自身よりも大きなものの一部になることで得られるものです。3つの幸福感の中で一番長続きするのはこの「崇高な目的」で得られる幸福感であるといわれています。

　この3つの幸福感のうち、人は第1の「快感」で得られる幸福感を追求し続ける傾向があります。しかし、研究結果によれば、最も幸福感が長続きする、自分自身にとっての「崇高な目標」とは何かを見出し、追い求め、そのうえで情熱を傾け、最後に快感で得られる幸福感を求めることが望ましいと言われています。

　人が幸せになり、継続的な幸福感を感じ続けるためには、快感、情熱、そして崇高な目的が適切に組み合わされることが必要になります。やりがいや生きがいに、「崇高な目的」を付け加える、意識化させることができれば、人々の永続的な幸福につながるのかもしれません。

　崇高な目的を意識化させることが、助けを求めることに躊躇している人々へ光をあてることを可能にするかもしれません。それによって、人々が助け合う地域共生社会へ近づくことも考えられます。こうした取り組みは幸福感

を高める構造化として把握することもできそうです。私自身、これからも、こうした構造化の可能性について探究を進めていきたいと考えています。

閑話休題

　地域魅力創造・革新スパイラルは地域の魅力や関与機会を発散し、その内容を共有したうえで、魅力や関与機会を活用することで自らの希望を実現できるペルソナを想定し、さらにペルソナが挫折を克服しつつ、希望を実現する物語を考える。

　この物語、言い換えればブランドストーリーによって、それぞれの地域の暮らし方、ライフスタイルの差別的優位性としてのブランドを示すことになる。どのような人がどのように生きることで「よく生きる（ウェルビーイングな）」ことができるまちなのかを示すことになる。

　そしてストーリーを磨きあげるためにポスターセッション方式による発表を行い、各グループで、地域のライフスタイルに最も適合するストーリーを選ぶ。前章の閑話休題ではここまでを語ったはずだ。

　物語をもとに、語りやすい言葉を作ることは、地域を語ることにとって意義がある。自らが推奨したい地域がどのような特性を持っているか、その一端、あくまで一端ではあるが、語りだすきっかけを作ることができる。

　ここで、間違えやすい言葉について述べる。キャッチフレーズという言葉だ。キャッチフレーズは商品についての耳目を集めるための言葉である。物語からうみだされる言葉はキャッチフレーズではない、地域の差別的優位性を持った暮らし方や特性を端的に示した言葉のはずだ。それをブランドメッセージということもできるだろう。

　ブランドメッセージがキャッチフレーズとして耳目を集める機能を持つことが悪いことではない。しかし、地域の差別的優位性を持った暮らし方や特性が全く見えない、物珍しい言葉はブランドメッセージではない。

　ここで述べていることは、キャッチフレーズはだめで、ブランドメッセージがいいということではない。地域が訴求したい対象者に知られていないことを課題に、認知につながりやすい驚きやギャップ、あるいは流行を組み込んだ言葉が必要になることは十分に考えられる。

一方で、キャッチフレーズでは地域の差別的優位性としてのブランドを表示し、地域の特性を語ることは難しいことが少なくない。栃木県足利市の「素通り禁止　足利」は、なぜ素通り禁止なのかが、地域の特性に結びついて語られない限り、おもしろいキャッチフレーズにとどまる。
　今、必要なものはキャッチフレーズなのか、ブランドメッセージであるのかを十分に意識して、言葉に向き合わなければならない。その際、ブランドメッセージを作り出すときに気にしておくといいことがある。
　まず、地域を舞台に、どんな未来を、地域に関わる一人ひとりが共に作ろうとするのかを、言葉にしようと心がける。未来は確定していない。未来は現在を基礎に新たに作り出すものだ。未来は開かれている。だからこそ、未来志向の言葉であることによって、地域に関わる一人ひとりの参画を呼び込むことができる。今「どうなっているのか」のではなく、これから「どうありたいのか」を表す言葉であってほしい。
　次に、どのようなことを大事にする人が地域で幸せになれるのかが想像できる言葉がブランドメッセージにふさわしい。地域内外に住む、「ああ、私もそれが大事だ」と思う人々が共感できる言葉、そうした人々に呼びかける言葉が意義を持つ。であれば、ブランドメッセージは、すべての人が共感する言葉にはならないだろう。キャッチフレーズはすべての人の耳目を集めたい。ブランドメッセージは、地域の力を活用することで希望を実現できる「あなた」に呼びかける言葉になる。
　3つめに、ブランドメッセージは、今、地域に生きる人々の共感を得ることも求められる。そのためには、現在、確認され共有できている自然や歴史、産業、地理的特性を表した言葉が望ましい。ブランドメッセージは現在と未来をつなぐ言葉だ。
　こうした点に留意した、地域の暮らしの差別的優位性や特性の一端を示すブランドメッセージは、地域魅力創造・革新スパイラルの編集ステージにおいて創出された、物語から生み出すことができる。
　そのときに用いられるものが「お手紙」だ。お手紙という以上、誰かから

誰かへ宛てたものになる。地域魅力創造・革新スパイラルから生み出された物語の主人公であるペルソナに着目する。ペルソナが自らの希望を達成した未来の姿、いわば未来のペルソナから、今、原点にいて希望を実現しようとする原点のペルソナへのお手紙が、ブランドメッセージの素材になる。

ここで、各グループの3人のペルソナの物語のうち、各グループごとに最も多い支持を得たものが用いられる。支持の数が同じであれば、それぞれのグループで選択してもいいだろう。最も支持を得たということは、地域の力を最も的確に表している物語であり、地域の差別的優位性や特性を表現するブランドメッセージの基礎にふさわしい。

お手紙の内容は、未来のペルソナが、原点のペルソナに、あなたの希望を実現するために、その地域への定住や訪問、多様な関係構築をお勧めするものになる。未来のペルソナは、地域において多様な経験を経て、既に悩みを解決し、希望を実現した存在だ。原点のペルソナは、これから起こる未来を知ることなく、不安と期待のなかにいる。

未来のペルソナから原点のペルソナへのお手紙とは、未来のペルソナが、自らにとっては既知の到達点である未来を起点に原点のペルソナを振り返り、今、原点のペルソナが何をすべきかを伝える、未来起点のバックキャストという発想法を用いていることになる。

地域に生きる人々は、未来に達成したい価値を明確にし、その価値を実現するために地域の魅力と関与機会を活用して、一歩一歩進む。壮大なるものだけが崇高を作るのではない。たとえ、一見矮小に見えたとしても、個々の人間にとっての崇高は存在する。

お手紙の分量は、ワークショップに充てられる時間などを勘案して、それぞれのグループで自由に決めればいいだろう。それぞれのグループで書かれたお手紙は、先に述べたポスターセッション方式で、全体に共有する。

発表も大事だが、そこで得た質問や意見、発表時の自らの気付きをグループ内で共有し、必要に応じ、逐次、お手紙の一部を書き直していくことにより、ブラッシュアップされたお手紙になっていくことも期待される。

ポスターセッションが終わり、多様な意見を得たところで、各グループごとに「地域に関わる一人ひとりが共に作ろうものはどんな未来なのか」「地域で幸せになれる人が大事にすることは、どのようなことなのか」「今、地域に生きている人々の共感を得るものとは、どのようなものなのか」を考えて、20文字程度で考案された言葉がブランドメッセージの素案になる。

　まとめてみよう。地域に関わる人々がよく生きる（ウェルビーイングの）ための言葉であるブランドメッセージとは、ある一定の地理的範囲における個々人のミニマムな物語を明らかにし、個々人のミニマムな物語の集積として、地域の物語を考える取り組みだ。はじめに地域の大きな物語を作り、そのなかに、個々人を埋没させるのではない。

　そのようにして提起された地域の物語に、再び、個々人のミニマムな物語を関わらせて、地域の物語を見直し、個々人に地域の物語への意識化を図っていく。この流れを循環させ続けることが、地域において、しっくりくる暮らし、共に創ろうとする未来、地域で守り作る魅力を形成し、普及し、磨きあげることとなる。

　ここで、プロフェッショナルの力について付言する。ブランドメッセージを作り出すには、十分なクリエィティブの力が求められる。稀には、そうした力を持つアマチュア、クリエィティブを業としていない者がワークショップの参加者にいるかもしれない。その場合はそうした参加者と連携し、ここまで述べた経緯を踏まえてブランドメッセージ案を提示することも考えられる。

　しかし、多くの場合、秀でたクリエィティブ力を持った者が参加していることは期待できないだろう。その場合は、コピーライター、デザイナー、エディターなどのプロフェッショナルの力を導入することが必要になる。しかし、プロフェッショナルに丸投げしてはならない。

　プロフェッショナルには参加者が魅力を発散するときから伴走してもらう。各グループを回り、何が語られているか、何が行われているかを十分に見聞する。時には参加者からの質問に答え、しばらくグループの一つに混じって

意見を交換してもいいだろう。

　だが、プロフェッショナルはただの参加者ではない。多くは行政である企画者、ワークショップコーディネーター、ファシリテーターと、ワークショップの進捗、クリエイティブに向けての状況の確認を普段に行っていかなければならない。

　プロフェッショナルは、そうした経緯を踏まえたうえで、参加者たちがグループとして作成したペルソナの物語、お手紙の趣旨を十分に把握して、複数のブランドメッセージ案を、まず企画者に提示する。企画者はプロフェッショナルから「なぜ、ここまでのワークショップの成果から、この言葉が生まれたのか」をしっかりと聞き取り、必要に応じ意見交換を行う。

　企画者が行政である場合は、市町村長等の首長に説明し、どのブランドメッセージ案でも受け入れる、あるいは「このメッセージ案は首長として提起し、住民の選挙で選ばれた存在として受け入れにくいので、その他の案から選んでほしい」との確認を得て、ワークショップ参加者に示す。この順番に齟齬がないようにしなければならない。

　この一連の取り組みを経て、プロフェッショナルは、ワークショップ参加者に「なぜ、このブランドメッセージ案になったのか」を的確に説明する。企画者やコーディネーターは、参加者にプロフェッショナルへの十分なリスペクトを求めつつ、不明な点は積極的に確認するように促す。

　企画者とプロフェッショナルの間での調整ができるなら、この時点でさらにワークショップ参加者のイニシアティブを組み入れることも望ましい。その場合は、プロフェッショナルからワークショップ参加者に、作成した素案を提示、説明したうえで、参加者に、提示されたメッセージ素案のうち、今までのグループとは無関係に、各個人として最もしっくりくるものを選ぶように促す。

　そのうえで、グループを離れ、選んだ各コピーごとに集まる。集まったところで「私は『これがいい』と思うが、さらに、こうブラッシュアップしたい」という意見があれば、新たな「これがいい」班ごとに意見交換を行い、

ブラッシュアップ案の提示を求めることになる。具体的には、ブラッシュアップ案と、その理由をA4の紙に書き、ホワイトボードに貼り、ブラッシュアップ案を主に提示した代表者が全体に紹介する方法などが考えられるだろう。

プロフェッショナルは、提案されたブラッシュアップ案も参考に、改めて、企画者との調整、検討を行い、複数のブランドメッセージ最終案を作成する。この段階での、ワークショップ参加者のイニシアティブを導入するか否かはともかくとして、ブランドメッセージ最終案ができあがれば、参加者はお役御免になるわけではない。

参加者には「プロフェッショナルが行政などの企画者と最終確認して作成した、複数のブランドメッセージ案から、ひとつのブランドメッセージをどのようにして決定するかを意見交換し、その提案をＡ４用紙に記載し、ホワイトボードに貼ってください。」と依頼する。

さらに「『ブランドメッセージを決定する過程で皆さんは何ができるか。その時、知人や友人、家族をどのように誘い込むか』を意見交換し、その提案をＡ４用紙に記載し、ホワイトボードに貼ってください。」と続ける。徹底した当事者化、さらなる当事者の拡大が、地域を語れる人々、地域を語れる力を高め、自らを地域に意義づけ、意味ある存在として「よく生きる（ウェルビーイングな）」人を増やすことが可能になる。

ブランドメッセージの決定方法は様々だろう。ただし、ここでも多くの人々の関与を高める手法が求められる。第１章で事例紹介のあった飯南町の取り組みも参考になる。インターネットを利用した投票も、幅広い参加者を得るために有効だ。

ただ、投票や参加をインターネットに閉じることは勧めない。地域の未来と力と共感を促す要素を言葉にしたブランドメッセージの決定は地域に開かれている必要がある。そのときに有効なものがアナログであり、曖昧さであり、楽しさだ。

例えば、地域の拠点に貼られた模造紙に複数のブランドメッセージ候補案

を並べて記述する。模造紙の前を通り過ぎる人に、気に入ったブランドメッセージ候補案に、色とりどりの丸シールのうち1枚を貼るように促す。

これを繰り返していくことで、多色の丸シールで彩られる。厳密に行っているわけではないので、一昨日も、昨日も、今日も、同じ候補案に丸シールを貼る人がいるかもしれない。問題ない、いや、むしろ歓迎だ。経過が地域に可視化されることが、当事者をつくり、参加を促す。可視化によって、お勧め・推奨も、ありがとう・感謝も可能になる。

アナログであり、曖昧さであり、楽しさが、地域でよく生きる（ウェルビーイングな）人を増やす。必ずしも、デジタルと厳密さと効率が、地域でよく生きる（ウェルビーイングな）ことを実現するわけではない。

このように、多様な人々の参加と推奨と感謝によって、ブランドメッセージは決定される。おつかれさま、ではない。ブランドメッセージは、これからさらによく生きる（ウェルビーイングな）人をつくりだすオモチャだ。オモチャは出来上がった。いよいよ、地域に関わって幸せになる人々を増やす、遊びの時間の始まりだ。

第9章

関係人口という
視点からの
「よく生きる（ウェルビーイング）」

章のはじめに

　日本野球連盟と毎日新聞社が主催する都市対抗野球について語りたい。日本野球連盟とは、いわゆる社会人野球というジャンルを管轄している組織だ。甲子園で有名な高校野球や、マスメディアでよく報道されるプロ野球はわかりやすいだろう。東京六大学野球というような大学野球も結構知られているかもしれない。

　しかし、社会人野球というものを知らない人も意外と多いのかもしれない。社会人野球は、企業の野球部と企業横断のクラブチームが主な構成員となっている。大企業であるトヨタ自動車やJR東日本の野球部もあれば、長野県にある千曲川硬式野球クラブというようなチームもある。

　これらのチームが全国のいろいろな大会でゲームをしているのだが、ほとんどの大会はテレビはおろか新聞でも紹介されないことも多いので、知らない人も多いと思う。例えば、ベーブルース杯争奪全国社会人野球大会という大会は、社会人野球では歴史もあり、重要な大会だが、知る人も少なく、当然に観客も少ない。

　その社会人野球では別格と言える大会が二つある。一つは東京ドームで夏に開かれる都市対抗野球大会、もう一つは秋に開催される社会人野球日本選手権大会だ。特に都市対抗野球大会は2024年には第48回が開催されるという歴史を誇っているだけではなく、毎日新聞では連日、甲子園の高校野球と同じほどの大きな記事が掲載される。

　ただ、新聞で大きく扱っているのは主催の毎日新聞だけなので、毎日新聞を購読している読者は大きなイベントだと思っているが、購読していない場合は何のことやらわからないという人も珍しくはない、ある意味では奇妙な大会かもしれない。

　その奇妙な大会、いや都市対抗野球大会は名称通り、都市が対抗するという建前になっている。例えば、楽器などで有名なヤマハという企業の野球部

と、大規模な運送会社である西濃運輸という企業の野球部がゲームを行うとき、浜松市・ヤマハ vs 大垣市・西濃運輸として、それぞれの本社がある都市の名前が冠されて紹介される。以前には、企業名は前面に出ず、浜松市 vs 大垣市という表記がされていたこともあった。

　もう一つの大きな大会である社会人野球日本選手権大会では、同じチームが戦っても、ヤマハ vs 西濃運輸としてしか紹介されないことと比べて興味深い。そのほか、都市対抗野球大会では予選を勝ち抜いた代表チームが予選敗退チームから数名の補強選手を選択してチームに加えることができるなどの特徴もある。

　こうした建前があることによって、都市対抗野球大会が行われる東京ドームの映像ビジョンでは、ゲームの前に、それぞれの都市、地域を紹介する動画が流されたり、それぞれの市長の挨拶が行われたりする。一応、チームのメンバーは野球部のある企業のために戦うとともに、その都市のために戦うという体裁になっている。

　実のところ、繰り返したように、これは建前だ。選手たちは、それぞれの都市のためにプレイをしているとは思っていないだろう。都市対抗野球大会は、時にプロ野球の選手になるために自らの技量を明らかにする場所となっていることもあり、まずは自らのための場所であり、所属させてくれ、プレイの機会を与えてくれる企業への貢献の場所でもある。

　都市対抗野球大会は他の大会に比べて、出場するチームへの応援も多く、チアのチームのダンスやエールもあり、華やかだ。参加するチームが所属している企業の幹部だけではなく、支社や関連会社の社員が招待券を渡されて、ともに応援する姿を見る。ドーム前では、そこここでそうした社員同士が挨拶している姿も見られる。

　さらに興味深いものに一般応援というものがある。その日にゲームを行うチームが球場外にブースを設ける。そのブースには、出場する企業とも、建前ではあるものの戦う主体とされている都市とも何の関係もない、野球を見たいだけの人々が列を作る。列に並んだ人々は、チケットを無料で受け取り、

あわせてチームの応援グッズをもらって、応援席に陣取り、多くの人々がタオルやうちわを振って、建前としての都市を応援している。

　自らのためにプレイしている選手たちを、建前としての都市に実際に紐付けるためにはどのような仕掛けが必要になるのか。所属する企業のために戦う選手たちに、建前としての都市への関与意欲をどのように高めるのか。

　仕事において企業にさまざまに関わるためにチームの応援にやってきた人々に、建前としての都市への思いをどう深めることができるのか。東京の真夏に涼しいドームで野球を見て時間を過ごしたいという理由で一般応援席に座った人々に、建前としての都市の姿を知らせ、僅かでも関与意欲を強めるにはどうしたらいいのか。

　そうした発想のないまま、建前として「都市対抗」を見過ごしている、なんとなく過ぎていく時間のなかで、日本の人口が急激に縮小している。

　一部には「消滅可能性自治体」という議論もある。そうした危機感のうえで、地域に居住しないまま地域に関わる人々を重視しようという発想が生まれている。

　関係人口という考え方だ。関係人口については、編著者自身『「関係人口」創出で地域経済をうるおすシティプロモーション2.0―まちづくり参画への「意欲」を高めるためには―』という本を、第一法規から2020年に出版しているので、詳細は、こちらを参照してほしい。

　例によって天邪鬼に、「移住した『定住人口』でもなく、観光に来た『交流人口』でもない、地域や地域の人々と多様に関わる人々」とする総務省の関係人口定義の限界を述べている。端的に言えば、この定義のままじゃ使えないってことを言っている。

　そのうえで、まえがきを注意深く読まれた方は気づいたかもしれない。「『よく生きる（ウェルビーイングな）』人たちが暮らす・関わる地域（まち）としての物語」という部分、ここでは「暮らす・関わる」という言葉があるが「住む」という言葉がない。

　そう、定住人口に限定しない関係人口とされる人々の「よく生きる（ウェ

ルビーイングな）」物語の場としても、地域（まち）を考えていることを周到に示してあったわけだ。

　先に掲げた「図1　物語の連鎖としての地域」には、「関係人口」と呼ばれる人々も歩いている。必ずしも順風満帆ではない、挫折やつまづきを乗り越えつつ、乗り越えきれないままでも「よく生きよう」とする人々の物語を歩いている。

　㈱小田急エージェンシーのメンバーによって構成され、私も関わっている「ゆるさとLabo」という研究会がある。ゆるさとLaboでは、インタビューや地域での現地研究によって「つまづきつつ歩き、挫折を乗り越える」ことで、関係人口として深化していく「つまづきジャーニ」という発想を提示している。

　ここでは、関係人口というものを考える際に、ある時点での断面として、関係人口か、そうではないのかという区分をしない。関係人口を、それぞれにあるつまづきを乗り越え、段階を一つずつクリアするプロセスを旅するものとして見ようとする。「よく生きる（ウェルビーイングな）」ことが断面ではなく、経過であることを示している。

> ロングコラム
> 地域への愛着形成は"旅"。
> 関係人口がたどる「つまづきジャーニー」

ゆるさとLabo　田中咲（一部補記 河井）

関係人口とは"どの状態"を指すのか

　昨今、関係人口というキーワードはメディアでも多く取り上げられ、国としても地域づくりの担い手不足の解決策のひとつとして力を入れていて、多くの自治体が誘致に取り組んでいます。特に若い世代では「地域につながりを持ちたい」と思う人が増えているとも言われており、関係人口市場は景気が良い状態にも見えます。しかし、本当にそうでしょうか？

　たとえばあなたが地域での活動を検討していて、【週末に通える地域、将来的には二拠点居住でカフェをひらきたい】という理想があると仮定します。自分の理想にぴったりな地域を見つけて、ここで活動してみようと決断できるまでに、どれくらいの時間が必要になると思いますか。

　1週間でしょうか。1か月でしょうか。地域には計何回訪れるでしょうか。

　WEB上に情報はあふれているので、地域の目星をつけるまでには時間はかからないかもしれません。しかし実際に関係人口になるまでには、その情報の中身を確かめていくプロセスが必要で、何度も地域に通い・地域の人と関係を築く"時間"があるはずです。

　私たち「ゆるさとLabo」は、関係人口創出の取組事例の研究や、実際にいくつかの地域に関わる中で、地方自治体による事業の中には「関係人口創出」といいつつ交流人口（観光客）を募っているケースや、最初から定住することを主軸に置いているケースが散見され、戦略的に打ち手を準備できていない状況を目の当たりにしました。

　これは関係人口の定義の幅が広く、状態の捉え方があいまいであることが原因といえます。そこで私たちは、関係人口を創出するために効果的なコ

ミュニケーションを設計する上で活用できるような、思考の基盤となるフレームワークが必要だと考えました。

そこで私たちゆるさとLaboは、関係人口がどのように地域と出会い、関係が生まれ、関係を深めていくか（あるいは希薄になっていくか）を「時間軸」に着目して研究を行いました。本コラムではその研究の成果である、関係人口化する障壁とその克服ストーリー「つまづきジャーニー」についてご紹介します。

関係人口が地域に愛着を形成するまでの道のり

「つまづきジャーニー」研究は3つの議論を起点としています。

はじめに関係人口の「定義」についてです。関係人口という考え方が登場し間もない2018年頃に、明治大学教授であり農業経済学者の小田切徳美は「地域やそこに住む人々との関係を有することに意義を見出す人々が登場した」と言及しています。

その後2020年には本書の著者でもある河井孝仁が「地域に関わろうとする、ある一定以上の意欲を持ち、地域に生きる人々の持続的な幸せに資する存在」と定義しました。つまり関係人口は、地域と関わることに対し意欲や価値を感じる"意識"を持ち、地域に対し何らかの"行動"を起こす存在であるとされています。

これら先行研究を受けて、私たちゆるさとLaboは「関係人口の類型化」に取り組みました。地域に対する"意識""行動"に関するアンケートを関係人口に対して行い、関係人口を大きく2つのタイプに分けるという研究です。

ひとつ目のタイプは地域の担い手である意識があり、自ら地域の魅力を生産する意欲がある「生産型関係人口」。もうひとつは地域の魅力に触れるために地域に関わり積極的にお金を落とす、地域の魅力を消費する「消費型関係人口」です。

これらのタイプ分けにより、関係人口として"どんな人を狙うべきか"と

いうマーケティング戦略を作ることができる考え方として提唱しています。

　２つ目の議論は関係人口がたどる「プロセス」の考え方についてです。いくつかの先行研究を振り返ると人々が地域に関心を持ち、関与を築いていくプロセス（＝関係人口化するプロセス）において、「都市部に乏しい『つながり』を求めて地域に注目する」という"きっかけ"の存在や「関心・関与が段階的に高まっていく」「地域の課題解決に関心を持つ・動き出す」という意欲・意識の変化があることが議論されています。

　ここでは、兵庫県立大学の柴崎浩平による「地域おこし協力隊」の地域定着に関する研究が重要な点を示唆しています。「生産型関係人口」の一例ともいえる地域おこし協力隊に対する調査を行ったところ、彼らの多くが赴任後に活動内容や自らのスキル・待遇などに対してミスマッチを感じており、自主的に改善しようと行動し想定と実態の差を克服していたことが分かりました。

　つまり、関係人口は地域に定着していこうとする過程の中で、「なにかしらの壁にぶつかり、それを解消することで関与を深めていくという行動がある」ことが想定されたのです。

　先行研究で議論されていた各段階における特徴的な事象に加えて、柴田氏の示唆するような想定と実態のミスマッチを克服する行為がどのように現れ・解決されていくのかを、「その人がたどる時間」に焦点を当てて段階から段階へ移行する様子も捉えて整理することが私たちの研究すべき課題だと考えました。

　最後は「カスタマージャーニー」に関する議論です。カスタマージャーニーはもともと英国のコンサルティング会社により開発されたといわれ、カスタマーエクスペリエンス（CX）を前提とした施策検討のためのものです。

　CXは購入体験や顧客サービスだけでなく、ブランドコミュニケーションや小売体験・販売員とのインタラクション、製品の使用過程、顧客サービスなど顧客との接点のすべてを包含しているとされます。

　つまりカスタマージャーニーの考え方で使われる「段階」「接点」「行動」

「思考」のような項目は関係人口が地域と関係を深めるまでのプロセスを知るためにも有効な視点であると考えました。

カスタマージャーニーにはいくつかの代表的なモデルがありますが、本研究ではフィリップ・コトラーらが2017年に提唱した５Ａモデル（AWARE・認知－APPEAL・訴求－ASK・調査－ACT・行動－ADVOCATE・推奨）を採用しました。

５Ａモデルを採用した理由としては顧客がインターネットを介して情報を調査及び発信できる時代のCXを提言するモデルとされているからであり、先述の小田切も「関係人口の台頭にはSNSなどの情報通信の発展が影響している」と指摘することから、適合度が高いと判断したからです。

以上の３つの議論をベースに、関係人口化プロセスをCXと見立てて実際に関係人口が地域に定着するまでにどのような段階を踏み、どのような意識の変化があるかを可視化することとしました。

そのため、ある地域で関係人口化した人物を対象にデプスインタビュー（詳細な聞き取り）を行い、各自がたどったストーリーを検証しました。

インタビューは実際に関係人口として活動している20～30代の計４名を対象とし、経験・パーソナリティで２グループに分けて行いました。

グループ１は地域おこし協力隊の経験があるなど、地域活動への目的と意欲がすでにある２名（Ａさん・Ｃさん）です。

グループ２は自らの行動と偶然的な出会いや経験を通じて、地域活動をすることになった２名（Ｂさん・Ｄさん）になります。

一対一のインタビュー形式で、①地域活動を志す以前について、②地域活動への興味・検討段階について、③地域活動を始めた段階～現在について、④今後についての手順で時系列を追いかける形で話を聞きました。

４名が語ったエピソードをカスタマージャーニーのフレームにあてはめて整理してみると、５つの共通項目が見えてきました。

図9-1　4名のインタビュー内容まとめ

インタビュイー A

基本属性

性別：男性
年齢：30代
出身地：東京都
職業：空き家活用プロデュース等

経歴と活動内容

　大学卒業後、電気設備の総合商社へ就職するも都会での暮らしに馴染めていないことに気が付く。体調を崩すこともしばしばあった中で、もともと移住への興味を持っていたが決断できずにいたところ、地域Xのゲストハウスを偶然旅行で訪れた際、起業型地域おこし協力隊の話を耳にしたことをきっかけに、移住を決意。空き家が増えている現状をビジネスチャンスに、空き家活用をプロデュースする傍ら、移住支援業務のサポートや、学童事業の新規立ち上げなどを、移住してきた仲間・同志とともに展開中。

インタビュイー B

基本属性

性別：女性
年齢：20代
出身地：広島県
職業：ゲストハウス運営

経歴と活動内容

　高校卒業後、札幌にて様々なアルバイトを経験し貯金した100万円を

元手に、アジアをバックパッカーしている中で、ゲストハウス開業をしたい気持ちが芽生える。その後、語学学校のスタッフを経験し、リゾートバイトのために地域Xへ移住。その中で、外国人観光客への対応が行き届いていないことを目の当たりにしたことと、地元の人々の優しい人柄に引き込まれゲストハウス開業を決意し、今に至る。

インタビュイー C

基本属性

性別：女性
年齢：20代
出身地：東京都
職業：ソーシャルメディアマーケター

経歴と活動内容

大学卒業後、広告代理店に入社。家を持たない生活"アドレスホッパー"にいち早く興味を持つ。持ち前の明るさと、新しいコミュニティにも溶け込みやすい性格も手伝って、シェアハウスやアドレスホッピング生活を都内、静岡、新潟などを転々としてきた。そんな中、数多くある地域のどこにしようか悩んだが、地域Xの自然、地域の人柄、美味しい食べ物などの魅力に引き込まれ、他拠点暮らしの拠点の一つとして行き来をしている。本業とともに、副業も展開しながら、地域の方々との結びつきを強めつつ、充実した日々を送っている。地域のことを好きになっていく過程の中で、そこに住んでいる人をはじめ、人との出会いの量が大事と認識したとのこと。

インタビュイー **D**

基本属性

性別：男性
年齢：30代
出身地：埼玉県
職業：温泉管理運営者

経歴と活動内容

　大学卒業後、お風呂好きをきっかけにスーパー銭湯の企業に就職。約5年の勤務中、お風呂めぐりで地方をめぐる中で、地方でお風呂の仕事がしたいという想いを思い出し、田舎暮らしを調べはじめる。TVなどで"地域おこし協力隊"の存在を知り、東京のイベントに参加したことをきっかけに移住。移住支援の仕事に従事。行政とともに取り組む際の制約の多さにやりづらさを感じつつも、約2年半、好きなお風呂の仕事ができ充実した日々を過ごす。創業80年以上の歴史ある温泉の管理運営者として、地域住民の意向を汲み取り、お風呂イベントの企画立案や、町内での協力体制を増やしつつ、町全体を盛り上げるべく日々奮闘中。

1．地域への関わりの起点は自己実現欲求

　たとえばBさんは「海外のゲストハウスで多国籍な交流をした」、Dさんは「銭湯が好きで地方のお風呂めぐりをしていた」といった個人の経験から得た感覚や自分がやりたいと思うことへの改めての気付きが地域に関わろうとするきっかけになっています。

2．地域との関係は"時間"を経て深まっていく

　地域との関係や想いは、地域で過ごす時間が長くなり、関わる人や一緒に取り組むことの数が増えていくにつれて深まったという実感があり、接触回数や過程が重要と述べています。ここからは、一過性の接点や一方的なコ

ミュニケーションでは地域への理解も好意の形成も難しいことがわかります。

3．地域に向かう意識や行動には"段階"が存在する

　Aさんを例に挙げると、地域の外から中へ行動するにつれ課題に感じる点が変わっています。関係人口化していくには段階が存在していると考えられます。

　Aさんは、学生時代、地域活動に漠然と興味がありましたが、住んでいた都内では地域の繋がりもなく、活躍の場もないと感じていました。

　そうしたなかで、地域（地方）での活動意向について都会の人に語ると、無関心・否定をされ相談相手がみつかりませんでした。

　なんとか、地域で空き家の利活用に関わり始めたときにも、なかなか地域の中でつながりを作れず、「すぐに帰るだろう」と思われていたそうです。

4．関係人口化していく各段階において"心理的障壁とつまづき"が存在する

　3で挙げたAさんのエピソードでは、活動初期の地域選択の段階から早々に障壁にぶつかっています。

　インタビューした他の方からも「もともとの地域住民との軋轢があった」などのエピソードが語られていて、段階ごとに離脱の原因ともなりうる"つまづき"が発生していることが分かりました。

　まとめてみると、どの地域で活動すればいいのかがわからないことによる「地域選択のつまづき」→相談・共感相手がいないことによる「孤独によるつまづき」→地域でどのように活動すればよいのかわからないという「ノウハウのつまづき」→行動しはじめてからの「新旧コミュニティの確執によるつまづき」・「地域の人々からの理解獲得のつまづき」が見えてきます。

5．"つまづきを乗り越え、克服する"ことが地域愛着を形成する

　そのうえで、インタビューした人たちからは、こうしたつまづきを経験し、

試行錯誤しながら乗り越えた結果として地域への愛着が深まったり、地域住民との関係構築ができたというエピソードを聞くことができました。つまづきが、成長のきっかけになったことがわかります。

Bさんでは、「ルールやマナーが地域にあっておらず、敵意を見せられた」→「ゲストハウスの運営に本気であることを伝え続けた」→「距離が縮まり、お父さんお母さんのように接してくれるようになった」という流れであり、Dさんでは「ご近所付き合いがなく、地域との関係構築に苦労した」→「積極的にご飯を食べに行ったり、食べに来てもらった」→「夢であったお風呂を開業するときには応援してくれるようになった」というプロセスがありました。

以上の5つの共通項目から、関係人口化ストーリーをカスタマージャーニーの考え方に照らし合わせるために3つのポイントに着目しました。

①それぞれのストーリーに時間軸があり、関係人口化には「段階」がある

エピソードは異なるものの、関係人口活動を志す起点はもともとあった地域との関係ではなく、"自分"にありました。自己実現したいという想いと地域課題とのすり合わせが関係人口化の最初の段階で、「自己実現希求段階」と定義しました。

次にやってくるのが「他者関係構築希求段階」。行動に起こしたものの、同じ価値観を持った相談相手や活動のノウハウを持っておらず、1人で模索する段階です。地域の中で乗り会社や先輩活動者のアドバイスを欲する時期でもあります。

模索の段階を乗り越えると「地域貢献欲求の芽生え段階」に入ります。前段階で地域のさまざまな人との関係が構築され、理解が進み、地域側の課題や弱みを知ることで、自分が必要とされる場所を具体的にイメージできるようになります。これによって、活動スタート時に想定していた、ひたすら自分のために地域という場を利用するという自己実現から、地域の持つ課題や弱みがまずあり、そこに求められる存在としての自己実現への変化が生まれると考えました。

②「地域との関係構築には人の関係」が欠かせない

　地域に関わろうとする人は各段階において、自分の想いを変化させていきます。その変化に大きな影響を及ぼすのが「人との関係」です。人との関係形成における変化は、カスタマージャーニーを考える上で重要なポイントになります。

　まず「自己希求段階」では今の自分や環境に満足しておらず、"自分"という人との関係を探っている状態。この時期を「自己不満期」として定義しました。

　続く「他者関係構築希求段階」では、自分の活躍の場・地域・組織を求めて情報収集をします。しかし、効果的な情報が得られない・やりたいことの整理ができなくなるなど「孤軍奮闘期」に入ります。

　この孤軍奮闘に限界が来ることに注目します。孤軍奮闘というつまずきを経るからこそ、地域の先導者や共感してくれる同志など、悩みや課題を共有できる存在や場を欲する「コミュニティ待望期」を迎え、いよいよ地域と深い関係構築の段階に進みます。

　関係人口として地域に根付いていく段階でもある「地域貢献欲求の芽生え段階」では、先輩活動者の橋渡しも受けながら少しずつ地域コミュニティとの関係を構築します。必ずしも順調には進まないことも多いものの、少しずつ理解者や課題の共有者が見つかる時期を「コミュニティ参加期」と定義しました。

　そしてコミュニティに参加することにより地域の理解や課題発見が進み、地域の課題や弱みをわずかでも埋める「意味ある存在」としての自分の居場所を見つけはじめます。同時に、既存の地域コミュニティとの対話がスムーズになり活動しやすい状態に変化します。

　続く「コミュニティ創生期」に入ると、自らが地域の先導者となりコミュニティ同士・活動者同士を繋ぐ存在になりつつあります。

③すんなりと関係人口化した人は存在せず、「つまづきとその克服」がある

インタビューした4名は、いずれも「つまづきとその克服」の過程があって地域への愛着形成が深まっていましたが関係人口化の段階によりその程度と解決方法は異なります。段階ごとに整理すると次のようなつまづきと克服の方法が見えてきました。

・**地域選択のつまづき（自己実現希求段階）**

さまざまな地域を訪れて自分と適合するかどうかを確かめる過程ですが、自治体や地域団体が発信する無機質な情報だけで判断してしまうことでつまづきが生じます。

このつまづきの「克服ポイント」は、地域の弱みや課題を理解し、関係人口の活躍の場があることを伝えられる「人」という有機的な存在です。そうした「人」のいる地域拠点や地域プロデューサーの存在がつまづきを克服する助けになります。

・**孤独によるつまづき、ノウハウ不足によるつまづき（他者関係構築希求段階）**

地域での活動計画を描いているけれど、いま住んでいる都市では、地域での活動に理解・共感をしてくれる存在が見つかりづらく、相談できずに挫折に向かってしまうことがあります。また、活動する地域が見つかったとしても、知識や経験の不足によって、どのように動きはじめていいのかがわからない、さらに地域からの信頼を得られないというつまづきは多く起こります。

このつまづきの「克服ポイント」は、「出会いの場」の設定です。相談できる場、肯定してもらえる場、共感が得られる場が必要になります。これによって、地域に関わろうとする人の活動への評価を反響が得られることも大事です。さらに、この場によって、仲間づくりやネットワーク形成が実現できれば、さらに大きな意味を持ちます。

・**コミュニティ齟齬によるつまづき、同志の発見困難によるつまづき（地域貢献欲求の芽生え段階）**

第9章 関係人口という視点からの「よく生きる（ウェルビーイング）」

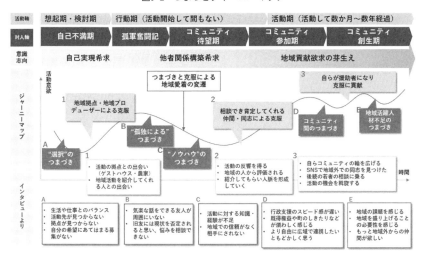

図9-2 つまづきジャーニーマップ

　支援者を見つけ、地域で活動を始めた人々に起こりやすいつまづきに、従来からのしきたりなどの価値観をもつ既存コミュニティとの間との軋轢や、相互の理解不足があります。

　また、地域にある課題への理解が深まることで、思いをともにする同志や地域の協力者をさらに獲得して活動を盛り上げていきたいという気持ちが強まる一方で、それに相応する人材が得られないという挫折も考えられます。

　このつまづきの「克服ポイント」には、イネーブラーという存在があります。イネーブラーとは、力を育て、関係を生き生きとさせる存在です。

　地域の人々と地域外の人々を繋ぐ役割や、新たに地域に関わる人々が属するコミュニティと、もともと地域にあるコミュニティのいずれにも介在して思考や課題を共有できる役割を果たす存在です。このイネーブラーという存在を、新たに地域に関わる人自身が行うこと、行える仕組みも意義を持ちます。

　ここまでの結果により、地域に関わろうとする人が、関係人口として働く

ようになるプロセスが見えてきます。カスタマージャーニーの5Aモデルと同様に、地域を認知し・関心を持ち・役割を検討し・行動を開始する・あとに続く関係人口への橋渡し役になるという段階があることが分かりました。

一方で、従来のカスタマージャーニーのようにスムーズに段階を変遷することはほとんどないこともわかりました。そこには「つまづきと克服」というプロセスがあります。そのプロセス自体が、地域に関わろうとする人々に、地域への愛着を生みだし、地域にとって意義ある働きをすることにつながる、関係人口として成長する、重要な役割を担っていることが明らかになったのです。

関係人口の獲得には「時間軸」と「つまづきとその克服」の理解が重要

「つまづきジャーニー」研究を通じて明らかになったのは、関係人口の地域定着プロセスにはカスタマージャーニーのような段階的な進行があるものの、その過程は単純ではないということです。

重要なのは、つまづきを克服する過程が関係人口の地域愛着形成において欠かせない要素であるという点です。一進一退しながらつまづきを乗り越えるからこそ、関係人口は地域との関係を深化させ、最終的には地域の担い手として関係を築いていくことができます。

「つまづきジャーニー」は4名のインタビューから導き出されたものですが、その後、ゆるさとLaboは10名以上の地域に関わる人に「つまづきジャーニー」をベースにしたインタビューを行っています。

そして、異なる地域や年齢・属性においても一定の再現性が認められることを確認しています。

地域側から考えるなら、関係人口の創出と定着を成功させるためには、地域の持つ課題と関係人口の自己実現欲求をすり合わせ、双方向の理解と協力を深める具体的な道筋を知ることが重要です。

「交流人口」「定住者」を含めたざっくりとした「関係人口創出」ではなく、地域の外から地域に関わろうとする人々がそれぞれに直面する障壁を理解し、

その克服を支援する体制を整えることが求められます。具体的には、地域に関わろうとする人々が地域と関わる初期段階からのサポート体制の強化や、地域と外部とのつなぎ役となる人材の育成に注力することが求められます。地域にとって最も獲得したい「移住者・定住者」はその先にあるのです。

　本研究から生まれた「つまづきジャーニー」は、これから、地域において「よりよく生きる（ウェルビーイングな）」人が増えていくための重要な要素である関係人口の増加を目指すために、有効なフレームワークとなるのではないかと期待しています。

　この章の内容をより詳しく知りたいと言う方には論文もあります。公共コミュニケーション学会の雑誌『公共コミュニケーション研究』の第7巻と第8巻に掲載された増田光一郎他「再現性ある関係人口創出に向けたタイプ分類に関する研究」、同「関係人口化する障壁と克服ストーリーを地域独自に描く手法の研究」です。ご関心の向きは手にとってみて下さい。

いささか長めの
閑話休題

　ゆるさとLaboの田中咲による長いコラムは、地域が関係人口となる人々を形成するには「つまづきジャーニー」という発想が有効であることを示している。

　そう、ジャーニー。旅だ。旅は旅行ではない、ましてや旅は出張ではない。出張は、できるだけ効率的に事を進めることが正しい。旅行も目的地をもって進む。ジャーニーという旅にも目的地はある、しかし、その目的地は明確なものではない、旅は迂路、回り道に価値がある。

　能や歌舞伎、人形浄瑠璃文楽に「道行」（みちゆき）というものがある。ある場所からある場所への経路がモチーフになっているが、目的地は主題ではなく、むしろ、経過である、

　歌舞伎や文楽では、特に、道中での人の感情の表現が中心となる。

　歌舞伎の道行として、よく知られているものには、義経千本桜のうちの「吉野山」と通称される「道行初音旅（みちゆきはつねのたび）」や、妹背山娘庭訓にある「道行恋苧環（みちゆきこいのおだまき）」、仮名手本忠臣蔵の「道行旅路の嫁入」がある。

　なかでも、道行初音旅は吉野山が舞台ではあるが、どこからどこへ向かうのか、少なくとも、この道行だけでははっきりしないことが興味深い。

　これらはいずれも、所作事（しょさごと）という舞踊が中心になる。歌舞伎の舞踊は、跳躍や回転、伸縮などの身体表現の美しさを示そうとする抽象的な表現というより、当て振りという具体的な言葉を体の形で示すものが多い。

　また、そこで示された感情や行動が、必ずしも、それ以降の舞台で大きな意味を持つわけではないことも少なくない。言い換えれば、道行は「筋」ではなく「姿」「思い」を表現するものになっている。

　能で言えば『夕顔』という世阿弥を作者とする曲がある。ここでは、道行ではなく序の舞について考えたい。夕顔は源氏物語を素材にした作品である。

光源氏が夕顔が咲く小さな家に住む女性を見初めて通うようになる。物語では、この家に住む女性を夕顔として紹介する。
　しばらくして、光源氏は、荒れ果てていた何某の院という場所に、夕顔を連れて逢瀬を楽しもうとする。夕顔は荒れた家の様子に怯えるが、光源氏は家来にある程度の設えをさせて夕顔とともに訪れる。しかし、その何某の院に、物の怪が現れ、夕顔は亡くなってしまう。
　能「夕顔」は、ここまでが前提、既に終わった話となって始まる。このときからずいぶんと経ったあとに、九州の僧が何某の院を訪れる。そこへ女性が現れて、夕顔の話をする。ここまでで前半、前場が終わる。
　中入りのあとの後半、後場で、夕顔の霊が現れる。前場の女性が既に夕顔の霊だったとの解釈ができるだろう。後場の夕顔の霊は、僧に対し、今でも恋の迷いにより成仏できずに苦しんでいるので、弔ってほしいと願う。
　僧は舞台の隅のほうに退く。祈っているということになるのだろう。ここで、夕顔の霊が舞うものが序の舞である。とてもゆっくりとして、囃子を背景に舞台を巡るように舞う。私は夕顔の霊による、この序の舞を、舞台という場の力を少しずつ取り込んでいく姿のように見ていた。
　鼓の音や打ち手の掛け声は場の力を強めていく。僧の視線も場の様子を一触即発にしていく。そのなかを、夕顔の霊は、全体としてはきわめてゆっくりと、しかし、同じ速度ではなく、やや速くなったり、速度を緩めたり、足さばきを変えたりしながら、歩く、舞う。
　そうした序の舞を20分ほども舞うことで、夕顔の霊は数々の悩みや不幸を解脱して成仏する。序の舞の最後には、8人の地謡という人々が音楽的なセリフを付けていく。僧の祈り、囃子の音、地謡によって高められた場の力が成仏という結果をつくりだす。私は、そうした様子として序の舞を見た。
　実際の地域では、僧の祈り、囃子の音、地謡に当たるものはなんだろうか。地域魅力創造・革新スパイラルで発散された魅力や関与の機会と考えること

もできるのではないだろうか。ジャーニーは遠路でなければならないわけではない。同じに見える場所を、ゆっくりと歩き、舞っても、その場の力を十分に取り込むことができるなら、人は成長し、目的に近づく。

　つまづきジャーニーを理解するためにも、こうした道行や序の舞の発想が求められる。つまづきジャーニーは目的地に近づくためのマニュアルではない。ジャーニーを歩く、旅をする、道行を踊る、序の舞を舞うことは手段ではなく、それ自体が「よく生きる（ウェルビーイングな）こと」であるとも考える。

　増田が、つまづくことの意義を強調する意味もそこにある。目的に向かうためにつまづくのではない。人は、そもそもつまづく。つまづくことが必然だと考える。そのつまづきを失態と捉えるのではなく、つまづきを含めたジャーニーそのものを自らのよく生きる（ウェルビーイングな）こととして把握する。

　人形浄瑠璃文楽では、主遣い、左遣い、足遣いという3人の人形遣いが一体の人形を動かしている。この人形が歌舞伎と同様に道行をする。文楽では、道行でのものを含めた舞踊を景事（けいごと）と呼ぶ。

　「景」という文字には、もとは太陽の光という意味があることから、景事には筋にとどまらない、ぱっと雰囲気が変わる場面という意味でも捉えられる。

　歌舞伎や文楽では、物語全体を上演する通し狂言ではなく、一つ、二つの幕や段だけが演じられる「見取り」が一般的だ。所作事、景事である道行そのものを見取り狂言として上演し、鑑賞する、楽しむということは少なくない。

　時代劇ではない日常での悲喜劇が描かれた世話物と呼ばれる作品でも、近松門左衛門の曽根崎心中、心中天網島では、これから二人で死のうとする男女が道行をする。

　ウェルビーイングを幸福として捉えるなら、心中のために彷徨う曽根崎心中のお初・徳兵衛や、心中天網島の小春・治兵衛は、決してウェルビーイン

グ（幸福）ではないだろう。しかし、ウェルビーイングを「よく生きる（ウェルビーイングな）」こととして把握するなら、この道行の経過の中だけでは、お初・徳兵衛も小春・治兵衛も僅かの間、精一杯「よく生きよう」としていると考えることもできる。

よく生きる（ウェルビーイング）とは、結果ではない。経過であり、場面である。お初・徳兵衛も小春・治兵衛も、世間のなか、今まで、自らが決断したことを全うできない状況から、はじめて自らの決断によって、自らを主語として生き、死のうとしている。

人形浄瑠璃文楽で道行などでの舞踊を景事と表現すると述べた。この「景」は景色の「景」でもある。歌舞伎や文楽の道行でも、景色や場所に言及することは少なくない。

しかし、歌舞伎や文楽では登場人物の感情表現が主であることに比較して、能での道行は徹底的に「場所」にこだわる。

能の道行は多くの場合、ワキという役柄を務める能役者が、自分の身分を述べ、この場面がどのような場面か、自らがどこから来てどこへ行くのかを述べる名ノリの後に行われ、経過する地名や風景を述べていく。

例えば女郎花（おみなめし）という能では、ワキが「住み馴れし。松浦の里を立ち出でて。末不知火の筑紫潟。いつしか跡に遠ざかる。旅の道こそ遥かなれ。急ぎ候ふ程に。是はゝや津の国山崎とかや申し候。向ひに拝まれさせ給ふは。石清水八幡宮にて御座候。」と言う。

ワキが道行を述べている間は、シテと呼ばれる、いわば主人公は舞台にはいないことが珍しくない。

能は、松が描かれている鏡板という背景以外は何も無い、床にヒノキ板の貼られた三間（約5.4メートル）四方の舞台で行われる。その何も無い場所に、ワキが述べる道行によって、意味を込められた風景が、瞬く間に展開されることになる。観る者の想像力が舞台を満たす。

つまづきジャーニーも舞台を旅する。想像力を持たなければ、その舞台には何も無い。何もなければつまづくこともない。つまづくことがなければ、

人は舞台を通り過ぎるだけの存在になる。
　通り過ぎただけだとしても、通過が「多様な関係」の一つだと強弁するのであれば、通過者も「移住した『定住人口』でもなく、観光に来た『交流人口』でもない、地域や地域の人々と多様に関わる人々」として総務省が定義する関係人口にカウントすることは可能だろう。しかし、そのことに、どのような意味がある。
　増田は、長いコラムのなかで「つまづきジャーニーは、つまづくことで、地域に関わろうとする人々に、地域への愛着を生みだし、地域にとって意義ある働きをすることにつながる」と述べる。
　つまづくためにも、つまづきを乗り越えるためにも、舞台に対して、地域に対して想像力をもたなければならない。想像力を惹き起こすための仕掛けがなければならない。

ここでも、もうひとつの
閑話休題

　そう、オモチャの話だ。ブランドメッセージを作成したからと言って、神棚に上げてはならない。オモチャを神棚に上げては、同居する天照大御神や須佐之男命も、いささか具合が悪いだろう。「あなた何様」と、ブランドメッセージがいじめられるかもしれない。

　「いや、そんなことはない」と言うだろうか。「ブランドメッセージを織り込んだネームホルダーのストラップを作っている」「ブランドメッセージをクリアファイルに印刷している」「ブランドメッセージをもとにしたロゴを著名なデザイナーに頼んで、名刺に入れた」

　悪くない。ただ、その目的はなんだろうか。よく聞く言葉に「せっかく作ったブランドメッセージを普及しなくちゃならない。ガンバロー」。いや違う。ブランドメッセージの普及は目的ではない。ブランドメッセージを使って、地域を語り、地域を語ることのできる「私」を育てる。そうすることによって、地域は多様に語られる。

　そう考えれば、ストラップとクリアフォルダーと名刺のロゴでは力不足だ。お仕着せのストラップを首にかけている職員も、透明じゃなくて使いにくいと思いながら書類をクリアフォルダーに入れている出入りの業者も、なんの説明もないままロゴ入りの名刺を受け取った他の自治体職員も、なぜ、ここにこの言葉が書かれているかに関心はない。

　求めるのはそこじゃない。ブランドメッセージは素材として、オモチャとして地域を多様に語るために、使われる、いじられる、遊ばれる必要がある。地域が多様に語られることは、地域の内外からの新たな認知や、気づかれていなかった地域の姿への理解を高めることに繋がる。

　それ以上に、地域を語ることができる「私」は、地域にとって意味ある存在として「よく生きる（ウェルビーイングする）」ことができる。

　茨城県筑西市というまちがある。筑西市のブランドメッセージも、本書で紹介した段取りによってつくられた。「しあわせをおすそわけするまち筑西

市」が筑西市のブランドメッセージだ。

　筑西市のブランドメッセージは二つの層によって構築されている。メインコピーの「しあわせをおすそわけするまち筑西市」を支えるボディコピーがある。

　「ここに住むと、あたたかくなれる。ここに暮らすと、優しくなれる。ここに生きると、笑顔になれる。自然と文化と歴史の恵みがあふれるこのまちで、うれしいことはみんなで分け合って、困難なことはみんなで乗り越えていく。その先には、きっとしあわせな未来が待っている。」

　メインコピーだけでは明らかにならないことをボディコピーで説明する構造になる。とはいえ、この美しい言葉だけで、世界は変わらない。筑西市でも、地域に生きる人々が地域を語り、地域という舞台で、よく生きる（ウェルビーイングする）ために、ブランドメッセージを、「使う」「いじる」「遊ぶ」ことが必要になる。

　こんなことをしたことがある。「しあわせをおすそわけするまち筑西市」のロゴを使って、「筑西市に関わって、おすそわけしたい、しあわせを表現しよう」というワークショップだ。ロゴに使われている色の丸い用紙を用意する、文字を書き込むためのマジックペンも準備した。

　その丸い用紙一枚ごとに、文字を一つずつ書く。文字は、筑西市のブランドロゴにあわせて、できるなら、ひらがなが望ましいが、多様な発想を可能

図9-3　筑西市ブランドロゴ

とするため、漢字でもいいとした。色とりどりの丸い紙に書かれた文字は組み合わされ、筑西市に関わって、おすそわけしたい、しあわせを表現した文になる。

　おすそわけしたい、しあわせを示した文は、別に用意した、筑西市のブランドロゴにもある二つの手の形をした紙の間に置かれ、筑西市のブランドロゴと同じ、あるいは似た形になるように構成して、改めて、Ａ４の紙に糊付けする。各メンバーが書いた内容をグループ内で説明し、グループ間で共有したうえで、ポスターセッション方式で全体の共有をする

　これだけのお遊びだ。このお遊びが一過性の１回限りのものになっては力を持たない。小学校や中学校、地域のいろいろな場所で、さまざまなイベントで行われることで、地域を語る力を育てることができる。地域を語ることは、地域にとっての行動を促す。

　こんなこともしてみた。これは島根県奥出雲町での話だ。棚田が広がり、神話でも言及されている山々に取り囲まれた奥出雲町でも、本書で紹介した手法によってブランドメッセージが作成された。

　メインコピーは「大切なものほど、奥にある。」、ボディコピーは「子どもの頃、大切なものは、引き出しの一番奥にしまってた。隠してるんじゃなくて、そこにあるのが安心するから。このまちに、受け継がれる物語や伝統も、支え合って暮らす、まちの人々の思いも、美しい風景や、鳥の声も。大切なものは、やっぱり奥にある。」

　行ったワークショップは「奥出雲町にとって『奥にある』けれど、あなたが、知ってほしい、伝えてほしい『大切なものやこと』は何ですか。できるだけ具体的に考えてみましょう。」というもの。参加したそれぞれの人が、自らの思いを文字として定着させる。

　そのうえで「伝えてほしい」に注目する。「その『大切なものやこと』を、誰に伝えたいのか、伝えた相手に、さらに、この『大切なものやこと』を伝えてもらうためにはどうしたらいいか」を考えてもらう

　誰に伝えたいのかと問われれば、できるだけ多くの人にと答えたくなるだ

ろう。もちろん、それでいい。だが、あなたが提起した「奥出雲町にとって『奥にある』けれど『大切なものやこと』」を伝えてくれそうな人は、やはり、その「大切なものやこと」に共感することが期待できる人になるだろう。

そうした、共感してくれそうな人は誰かを考えることが第一段階になる。町民というような括りではなく、できれば、若者というような括りでもなく、どんなことが好きな人なのか、どんなことを楽しみにしている人なのか、どんなことを解決しようとしている人なのか。そうした「人」を考えたほうが共感してくれる人を見つけやすくなるだろう。

しかし、共感すれば、必ず、誰かに伝えてくれるわけではない。「確かに、私も大事だと思います」で終わってしまう。地域を語る人を増やし、地域の力を分厚くするためには、「確かに、私も大事だと思います、だから、そのことをこんな人に伝えました」という、次のステップがほしい。

ワークショップの第2段階は、このステップを考える。誰かに伝えると言うことも行動の一つだ。人に行動を促すためにどのような発想が必要かについて、本書では、奈良県生駒市のいこまち宣伝部の事例に関わって述べている。

行動に向けたハードルを下げるためにはどのような仕掛けが必要か、行動を促すためのインセンティブにはどのようなものがあるかを考える。特に、行動を期待する人、情報を伝える人を、物語の大事な登場人物にする工夫が重要になる。

あなたが行動する、あなたが共感する「奥にある大切なもの」についての情報を伝える、そのことが、あなたを誰かにとって、何かにとって「意味のある自分」にする。そのことを伝えられる発想が求められる。奥出雲町では、そんなことを行っている。

ブランドメッセージはオモチャであり、道具に過ぎない。この道具を常に研ぎ澄まし、不断に活用できる道具にするための取り組みが求められる。ブランドメッセージを作ったとして、今後、継続的に、地域の多様な「場」でこのブランドメッセージをどう活用するかを試す、考える機会が必要になる。

ブランドメッセージをメインコピーとボディコピーの二層に構造化する考え方を示した。この構造を利用して、ブランドメッセージを道具として力を発揮させる方法もあるだろう。ブランドメッセージの三層構造化だ。
　ボディコピーは、短いメインコピーを補完し、説明を加えるものだと述べた。しかし、その補完や説明は、一つの地域としての補完であり、説明になる。地域に関わる人々は、それぞれの思い、それぞれのありようで、地域に生きる。そうであれば、地域としての補完や説明だけでは、自分にとって、小さな違和感が残ることもあるだろう。
　その違和感を解消するために、メインコピーとボディコピーの間に、自分だけのサブコピーを設定する。筑西市では自分がおすそわけしたい幸せであり、奥出雲町においては自分だけの奥にある大切なものをイメージしてもいい。
　いや、むしろ、あまり限定せずに、それぞれが、メインコピーとボディコピーを読み、その間をつなぐ自分なりの言葉を考えるという緩さが、サブコピーを作るという行動へのハードルを下げる場合もあるだろう。それぞれで構わない。
　自分だけと述べたが、必ずしも個人としてだけ考えることもない。ある小学校の６年２組としてのサブコピーを考えてもいいだろう。そこでの意見交換は、地域を語る力を強化するためにはとても大きな意義を持つだろう。高齢者を中心とした俳句の会で考えてもらうのもいい、少し時間のできたママ友グループで意見交換してもらえても嬉しい。
　個々に考えるだけではなく、個人や小さなグループでのサブコピーを発表する機会を作ることも面白いだろう。さらに、提起されたサブコピーを組み込んだブランドメッセージをスティッカーにして、車のリアウインドウや商店のガラス扉に貼りたくなるように、インセンティブを準備した施策を行ってもいいだろう。
　また、ボディコピーをアンタッチャブルにする必要も無い。ボディコピー考案者の著作権や著作者人格権などにも配慮しつつ、それぞれの個人、グ

ループごとに、ボディコピーの趣旨を活かしたうえで、自分たちの暮らしや思いをにしっくりしたものに変えてもいいのではないか。

　大事なものは、オモチャそのものではない。オモチャで遊んだ結果として生まれる、地域を思う、自らを地域において何らかの意義ある「よく生きる（ウェルビーイングする）」存在として思うことのできる成果のはずだ。

　こうした発想に基づくワークショップも十分に考えられるだろう、その際には、範囲や領域を限定することで解像度を高めたサブコピーやボディコピーを考案することで、地域を語る力を高めることもできる。

　観光や産業振興、福祉向上、さらにSDGsなど、それぞれに関わる言葉を必ず用いて、サブコピーやボディコピーを考える取り組みは、ウェルビーイングやプロモーションとは無関係だと考えている人々や組織への理解を促すためにも有効だろう。

　これらは「ブランド・ポートフォリオ」という考え方に繋がる。ブランド論の専門家であるデービッド・A・アーカーによる言葉だ。ポートフォリオとは書類ばさみだ。アーカーは緻密に金融商品の構成などを示すポートフォリオをイメージしているのだろうが、ここでは書類ばさみとして考えた方がシンプルでわかりやすい。

　書類ばさみのおもてにはメインコピーが、言葉にふさわしいフォントで印刷されている。ブランドロゴがあれば、そのロゴも描かれているだろう。その裏にはボディコピーが書かれている。そして、メインコピーとボディコピーの間に、それぞれの個人やグループがの作成した用紙が挟まれている。

　個人名とサブコピーだけの用紙もあるだろう。メインコピーはそのままに、ボディコピーを自分たちなりに書き換えた小学生のクラスが作った用紙もあるだろう。メインコピーの下に、環境保護をミッションとするグループが考えたサブコピーがあり、そのさらに下にボディコピーが書かれた用紙が入っていてもいい。

　考えてみれば、地域魅力・革新創造スパイラル自体が、地域ブランドポートフォリオをつくる試みであったとも考えられる。そうであれば、ポート

フォリオに挟み込まれる用紙の一枚には、発散された魅力の一覧があってもいい。

さらに、グループワークで作られた、何人ものペルソナが地域の魅力や関与機会を活用して、挫折しながらも立ち直り、自らの希望を実現していく希望実現度曲線を、貼られた付箋とともに、縮小して書類ばさみに挟むことも考えられる。

そうした多くの用紙が、メインコピーとブランドロゴが描かれた書類ばさみに挟まれている。行政などの企画者は、それぞれに書かれた用紙の関係性、相互の影響や関連範囲などを、模式図や地図、線図で記した数枚の用紙を追加していることも考えられる。

行政などの企画者は、それらの事象を確認できる、参照できる、定量的・定性的なデータを明らかにし、必要に応じ政策概要や数字、具体的人物へのリンクなども付け加えることも意義を持つだろう。

実際にそうした書類ばさみがあるわけではないだろうが、地域におけるブランドとはそのようなものとしてイメージできるのではないか。いや、そんなアプリが実際にあっても楽しそうだ。さすがにこれは妄想かもしれないが。

ここまで、時折、「行政などの企画者」という言葉を用いてきた。そう、地域で「よく生きる（ウェルビーイングの）」ための企画や運営は、行政だけが担う必要は無い。あるいは当初は行政が担ったとしても、持続的に活動するには行政以外の担い手が求められる。

そう、島根県飯南町の事例で、シティプロモーションという視点では、多様な担い手を形成することが目的となることを述べていた。であれば、「よく生きる（ウェルビーイングの）」ためにも、地域に関わる担い手が育ち、相互に「よく生きる（ウェルビーイングな）」状況が生まれることが期待される。

例えば、当初の地域魅力・革新創造スパイラルで地域を語る力を持ち、地域に関わる意欲を持った人々を起点として、ブランドマネジメント市民会議のようなものが作られてもいいだろう。

ブランドマネジメント市民会議では、既に述べたような、さまざまな企画により、地域の持つ力やライフスタイルの差別的優位性を学ぶ機会を設けるとともに、地域の特性を十分に利用した新しい取り組みを支援する役割も期待されるだろう。

　ブランドマネジメント市民会議だけでは十分にできない部分はあると考える。そうしたときには、新たな物語の登場人物になり得る者を「意味のある存在」として遇することで、参加を促したり、必要に応じ、行政との連携も行いながら、取り組みを進めていくことも求められる。

　そして、この市民会議での「市民」が地域に住む人に限られる必要は無い。京都府福知山市の事例において、宇都宮は「ここでの市民とは、福知山市に住んでいる人だけではなく、まちに関わる人々などあらゆるステークホルダーのことを指しています。」と述べている。

　本章で田中が分析した関係人口に期待する行動として、持続的なブランドマネジメントに関与することも十分に考えられるはずだ。

第10章

関係人口という
視点からの
「よく生きる（ウェルビーイング）」再説

> **章のはじめに**

　前の章で関係人口という視点から「よく生きる（ウェルビーイングな）」ことを考えた。それ以前の章で、多様な具体的な取り組みを紹介し、考えてきた。その蓄積で、改めて関係人口という存在を考えてみよう。

　地域に関わろうとする人々が「よく生きる（ウェルビーイングの）」ために必要なものに、「二つの隙（すき）」がある。地域の隙と自らの隙だ。隙は余地でもある。

　地域の隙については、島根県飯南町に関わって述べた。「余白あり」。飯南町は空白ではない余白を作り出そうとしている。

　もう一つの隙が自らの隙になる。私は、満足しきっている者を「よく生きている」者とは考えない、「よく生かされている」にすぎない者として把握する。まぁ、勝手な話だ。満足していて何が悪い。もちろん、何も悪くない。

　いずれにしろ、私は本書で「正しい」ことを語っているわけではない。私は「こう考える」ということを述べているにとどまる。そのうえで、与えられたもの、既に得たもので、満足している者は「よく生きる（ウェルビーイングな）」者として考えないというだけのことだ。

　ひたすらに満足度を測る発想とは、ずいぶん異なるのだろう。顧客満足度、従業員満足度、住民満足度。ありがとう。私はその指標は使わない。満腹な状態は次の行動を促すことができない。私にとって「よく生きる（ウェルビーイング）」とは、他者との関係性のなかにある。「意味ある存在」とは、誰かにとって、何かにとって「意味ある」ことだ。

　だからこそ、隙が必要になる。隙があることは動く理由になる。自分の隙とは何かを十分に見極める。最初は、なんとなくの空虚感、焦燥感かもしれない。その理由を考える。「私は誰かにとって意味ある存在なのだろうか」という思いがあれば、それは十分な隙になる。

　自分の隙を埋めるためにどうするのか、その隙を自ら埋めるために学ぶ、

動く、努める。だが、自分の隙を自らの学習と行動と努力だけで埋めなくてもいい。関係性と述べた。人は社会のなかにいる。社会とは人と人の交わりによって成立する。

　誰かが誰かの隙を埋める。その誰かの隙を別の誰かが埋める。そうした連鎖が社会であり、一定の地理的範囲を前提とすれば地域である。

　自分の隙を埋められる地域（まち）がある。地域の隙を埋めるために自分があり、自分の隙を埋めるために地域がある。自らの隙が一方的に埋められるのであれば、満足はあっても、自らを意味ある存在として「よく生きる（ウェルビーイングな）」ことは困難だ、と思う。

　だが、注意しなければならないことがある。疲労は隙ではない。なんとなくの空虚感や焦燥感が、身体や気持ちの疲れであると分析できたら、躊躇無く休もう。休んでいるうちに、埋めたい隙が見えたら、もういちど起きればいい。

　関係人口という考え方は、この前提で考えることが必要なのではないか。無闇やたらに「関係」を求めるのは、いささか気持ち悪い。地域の隙と自らの隙が相互に埋められるのか、自分が一方的に地域の隙を埋めるのでは疲れきる、自らの隙を、地域に、ただ埋めてもらって満足しようというのでは「よく生きる（ウェルビーイングな）」ことはできない。

　いや、構わない。人はそれぞれに生きる。誰かに教えられた正しい生き方なんぞは犬に喰わせればいい。関係人口とやらになろうがなるまいが人は生きることができる。地域側からの勝手なリクエストに応じる必要は無い。

　関係人口を地域に選ばせるな。関係人口という考え方を選ぶのは自分だ。

ロングコラム

関係人口形成にとって理想的な地域はあるか

ゆるさとLabo　増田光一郎（一部補記 河井）

　ゆるさとLaboでは過去3年、市町村の地域活性化、関係人口創出に向けた施策立案やアドバイス、コンサルティングを多くの自治体とご一緒してきました。それによって、行政を通して多くの地域が置かれている状況が見えてきました。

　ゆるさとLaboが考える関係人口を明文化すると"地域づくりに参加し、なにかしらの生産をする人"という定義になります。

　どのような生産の形があるかをタイプとして分類していますので簡単にご紹介します。

　タイプ1は、地域を引っ張り、地域の人を巻き込みながら、魅力発掘や仕組みづくりなどを自分一人ではなく、みんなで生産することを促すことができる、リーダータイプの生産型関係人口です。

　タイプ2は、スキル型の関係人口で、例えばデジタルマーケティングの設計が手伝える、地域の魅力的な動画が作れる、地域の様々な魅力をイラストにすることができる、議論を活性化するファシリテーションができるなど、自分のスキルを中心にその地域がやろうとしていることの足りない部分を補ってくれる、サポートタイプの生産型関係人口になります。

　タイプ3は、スキルもリーダーシップも持っていないけれども行動力があり、その地域のことを学びながら何ができるかを探し、自分には何ができるのかを地域と共に見つけ成長していく、自分磨きタイプの生産型関係人口です。

　最後のタイプ4は、自分の親戚だったり友人だったり自分のルーツや出会いを大事にしその人たちの関わりのある地域課題を解決していく、ルーツターンタイプの生産型関係人口ということができます。

これら4つのタイプに生産型の関係人口は分けられると考えています。一概に関係人口と言っても、生産できる人口なのか消費をすることで応援する人口なのかの大きな枠組みでも分類可能であり、さらにその生産型の関係人口においても4タイプに分類可能ですので、それぞれの観点において相性の良い地域というものは存在すると仮定しています。

多くの地域では、行政と地域住民との連携に不足があり、同じ方向を向いていないことが見受けられました。そのような状態では、新たに地域に関わろうとする人々は、どんな地域なのか分からず、関わり代も見えず、役割も見えず、自分の将来を描くことができません。

それでも、少しずつですが成功していると考えられる地域事例も増えてきています。ここでは、ゆるさとLaboの視点で2つの事例をご紹介します。

岡山県西粟倉村

西粟倉村は、人口約1,500人（2024年現在）と小さな村ですが、移住者が人口の10％〜20％を占めています。昭和30年代に木材産業が盛んになり一時的に人口が増加しましたが、その後過疎化が進む一方でした。

しかし最近になって、「百年の森林（もり）構想」や「共有の森ファンド」などを立ち上げ、地域はどうありたいのかを明確に掲げており、どういう活動が共創可能か、どういう人材がマッチするのか、が分かりやすくなっています。それによって関係人口および移住者が増加している好例です。

結果はさまざまな形で語られているので、関係人口化するプロセスを再現可能にするために経過を分解していきます。

多くの地域と違うことは、行政と住民が最初に同じ方向を向くように活動したことです。多くの地域では行政と住民とがばらばらで、行政は語っているだけ、地域の住民は危機感を覚えて頑張っているだけ、になりがちです。

西粟倉村では、地域が大事にしていくべきことは何か、地域が持っている資産や魅力は何かを明らかにしたことが起点になっています。そのうえで、行政と市民の合意によって、この地域ではどのような未来が構想でき、その

未来に向かってどのように進んでいくのかをビジョンとしました。

　誰もが立ち戻れる意思決定の基準ができたことになります。ビジョンが明確になることで、将来の理想像と現状とのギャップが見えます。そこから、自らの地域の資産だけで構想する未来を実現できるのか、できないのか。地域が構想する未来を実現するための人材がいるのか、いないのかを明らかにできます。自分たちの強みだけではなく、弱みも明らかにしたことになります。

　これによって、不足している人材、またはゆるさとLaboで言う生産活動に加わって欲しい人材の解像度が可視化されるということは、地域に関わろうとする人にとって自分の役割が見え、活躍の場所があることが分かり、自分事化できるということになります。地域において外から関わろうとする人たちが活躍できる場所が明確になるということです。

　しかし、ビジョンがあるだけでは、地域に関わろうとする人々に的確に関わってもらうには十分ではありません。ゆるさとLaboが提唱する「つまづきジャーニー」という、つまづきと克服の連続が地域との関係を強くし密接な関係人口になっていくという考え方が重要です。

　西粟倉村では、地域内にメンターとしてサポートする人材を作り、地域外からビジョンに共鳴し自己実現を達成できると考えて関わろうとする人々活動を、支援することとしました。

　この方法を取ることで、地域外から関わろうとする人々は、地域内からサポートする人々とともに、つまづきを克服していくというプロセスを経験することになります。つまづきは一回で終わることはほとんどありません。つまづきの経験が連続し、その都度、サポートする人々ともに乗り越えていきます。地域への関与と参加を、そのつまづきと克服の連続によって徐々に高めていくことになります。

　この仕組みが機能するのは、行政と地域住民の間で、地域の未来を構想するビジョン、その実現のための地域内部での過不足についての合意が取れ、地域外からも可視化されているからです。そのため、地域外からの関わろう

とする人々は自らの役割を明確に意識できます。地域の住民も、外から関わる人々が、共有したビジョンの実現に向けて、地域内部では不足している活動をしてくれているため、スムーズに地域外からの力を受け入れることが可能なのです。

地域住民側は地域内に足りないスキルを得られることで「ありがとう」と言える状態になります。それぞれが連携しながら、同じ方向を向いて将来に向かって歩み、うまくいったこと、うまくいかなかったことを検証しながら進んでいける状態になっているのです。

ビジョンと資源の状況を共有し、可視化する仕組み、一時的な成功や失敗に囚われず時間経過の中でつまづきと克服の連続を共にする仕組み、この2つの仕組みが重要になります。

この2つの仕組みを導入することにより、地域の外から関わろうとする人々を関係人口として受け入れ、移住してきた人に「私にも役割がある」と感じてもらうことが可能になった事例です。

静岡県熱海市

一方で、行政と地域住民でビジョンの合意形成をするという形とは異なったアプローチの事例として熱海市の事例があります。生産人口のリーダーシップ型の人が関係人口として地域に戻り、停滞していた地域を復活させたという事例です。

西粟倉村の事例は規模として非常に小さな村であったため住民も巻き込んだ大きな合意形成が可能でしたが、その方法では難易度の高い行政規模もあります。

熱海市の人口は、1965年（昭和40年）に54,540人でピークを迎えました。しかし、2020年の総人口は34,208人となるなど、減少を続けています。また、2020年の高齢化率では全国平均の28.7％を大幅に上回る48.7％となっていました。

そのような背景もあり、2000年代には熱海市内の多くの商店街がシャッ

ター商店街化していました。そんな中、地元消失の危機を感じた現 machi-mori 代表の市来広一郎氏が戻り、少しずつ活気のある地域を取り戻すための活動を推進し始めました。

　私たちの関係人口分類では、市来氏はリーダーシップ型およびルーツターン型のハイブリッドの生産型関係人口に分類されます。市来氏の戻ってからの活動をゆるさと Labo の研究から解釈していくと、「地域内関係人口の創出」と「小さく濃くから大きく」の2つと分析しています。

　まず「地域内関係人口の創出」についてです。市来氏が戻られた際に最も課題に感じたことは、当時「地域を語れる人がほとんどいなかった」ことだと語っています。

　私たちの研究でも重視しているポイントです。地域づくりにおいて、地域外の人が何の前触れも無く救世主的に訪れてなんとかしてくれることなどほとんどありません。まずは、地域内の関係人口、要するに、地域内で地域づくりに参加している人がどれだけ活発に活動している状態を作れるか、その人たちと地域外の方がどれだけ触れ合える状態にしているかどうかが非常に重要です。

　地域内の関係人口が活発に動いていることはその地域は関係人口が活動しやすい地域であることを証明していると言えるからです。そしてその地域内の関係人口と触れ合えるようにすることで、地域が大事にする価値観を地域外の関係人口が理解することに繋がり、地域が自分に合っているのか合っていないのかを判断することができます。

　それによって、地域内外の住民での軋轢を生みにくくすることと、関係人口の誰もが語る「価値観の近い人に出会えて自分はラッキーだった」という偶然の出会いを必然に変える効果があります。

　つまり地域内関係人口を増やすことは、地域外関係人口を結果とし連れてくることに繋がるのです。そしてその地域外関係人口がさらなる地域外関係人口を連れてくるのです。この連鎖づくりが重要です。

　もう一つの観点である「小さく濃くから大きく」については、一つ目の事

例との比較による行政規模の話になります。自治体全体で行政と住民が同じビジョンを共有し、同じ方向に向かっていくことを最初から合意形成できる例は少ないと考えられます。

　やはり多くの地域では、小さなコミュニティでビジョンの合意形成を目指していくことが基本的な最初の一歩になります。

　そして、「濃く」に関してですが、ここがゆるさとLaboの重視しているポイントです。小さいコミュニティで想いを伝え合うだけでは「濃く」は形成されません。活動内容を試行錯誤し、つまづきと克服の連続という実体験を共にしていくことで想いを濃くすることができます。その濃くなった想いは、次に巻き込んでいく人に語れる内容となり本気として伝わる内容となります。

　熱海の例においても、最初の段階で取り組まれたのは、熱海銀座の中にコミュニティを創出できる場を作ったことがキーポイントになっています。その創出されたコミュニティで熱海を再活性化させるために、まずは熱海銀座のシャッター商店街において空き店舗をゼロにすることを目標にアイディアを出していきます。期間限定のお店を出したりマルシェを開いたりと活動していきます。

　活動は決して順風満帆では無く、さまざまな反対意見などを受けるつまづきの連続であったようです。ただ、意見をもらう人に謝罪して穏便に済ますということではなく、熱海の再活性、自分たちはこの地域が改めて良くなってほしい、もしくは停滞から復活して欲しいという想いを説明し理解をしてもらうことで、克服のサポーターとして巻き込み、共通目的の合意形成をしていきました。

　2010年代後半には熱海銀座の空き家をゼロにするという目標を達成しました。一軒の空き家から始め商店街という狭小エリアにおける再活性を果たしたことになります。その活動履歴を次のエリアに横展開し徐々に熱海全体に広げていくという進め方を取って、現在大きく再活性している状態になっています。

小さく濃く主体的に取り組んでいき、示された意見に反発するのではなく克服の支援者として巻き込んでいき、しっかりと共通目的を形成し想いを浸透させていくことが重要であり「小さく濃くから大きく」が重要ポイントであることを示しています。

　小さく濃くから大きくは時間と労力はかかりますが、いくつかの横展開での広がりを作ることができた時点で、行政も興味と関心を示すようになり連携しようとしてくるので、そこをティッピングポイントと捉えることが可能であることも利点です。

　熱海の事例は一人のスーパーマンの活動に見えるのですが、ゆるさとLaboの視点で分析すると、どの地域でも再現可能な事例であることが分かります。大きな行政規模の地域の場合、闇雲に取り組むのではなく、主体的な活動をつまづきと克服の連続として描き、克服する際に地域住民の方にメリットのある形で協働してもらい巻き込むことが、再現性の肝になります。

　市町村規模によって取れる戦略や戦術というのは変わってくるので、地域にどのようなキーマンがいるのかをよくリサーチし、誰をどのようにつまづきと克服の連続の中に巻き込んでいくのかを描いていくかが求められると考えます。

閑話休題

　私は「巻き込む」という言葉が好きではない。言い換えるなら「関与を促す」ということになる。「巻き込む」と「関与を促す」は対象の自律性が異なる。「巻き込む」は直接的であり、「関与を促す」は間接的だと思っている。「巻き込まれる」のか、「関与を促される」のか。
　「巻き込まれる」には否応なさを感じるが、「促される」には判断の余地が見える。働きかけるものは常に対象者の自由・自律を意識する必要がある。相互を尊重するとは、そういうことだ。
　たかが言葉だ。ただし、哲学者のマルティン・ハイデガーは「言葉が世界を作る」と言う。
　言葉といえば、増田のロングコラムには、地域内関係人口という一見不思議な言葉が使われている。そもそも、関係人口とは地域に居住していない人を指す言葉ではないのか。
　総務省の定義を再び確認してみよう。「移住した『定住人口』でもなく、観光に来た『交流人口』でもない、地域や地域の人々と多様に関わる人々」である。「定住人口でもなく」という文言からは、やはり地域外居住者を前提としていると考えられる。
　では、地域内関係人口とは矛盾した言葉だろうか。イエス。総務省の定義に従うのであれば矛盾した言葉だ。ノー。しかし、私たちは関係人口を再定義することができる。
　特に「よく生きる（ウェルビーイングな）」こと、ウェルビーイングに関わって関係人口を考えるのであれば、再定義が必要になる。総務省の定義における「関わる」とは必ずしも明らかではない。この「関わる」を関与と位置づければ、景色は大きく変わる。関与は傍観ではない。
　定住している人々が皆、地域に関与しているのか。観光客は皆、地域に関与しているのか。この疑問を前提におくことで、地域内関係人口という言葉を使うことが可能になる。定住者は「地域内（居住）非関係人口」と「地域

内（居住）関係人口」に大別されることになる。

　地域内関係人口とは、地域に関与する物語を歩くことによって「よく生きる（ウェルビーイングな）」人々ということになる。増田の述べる「地域内関係人口」は意義を持つ言葉だ。

　さて、ゆるさとLaboが関係人口を「地域づくりに参加し、なにかしらの生産をする人」と定義し、より明確にするために「生産型関係人口」という語を用いている。関係人口が単に地域を消費する存在ではないことを明らかにしたい意図であることは理解できる。

　そのうえで、私は「触発型関係人口」という存在があるように思っている。生産しなければ地域にとって意味はない、あるいは消費しなければ地域にとって意味ある存在ではないということはなく、佇まい、ありようとして地域に関わる人々がいるのではないか。

　地域の人々がその佇まいやありように触発されて、何らかの行動、生産行動を促されるのであれば、佇まいの人、ありようの人は触発型関係人口として意義を持つのではないか。

　自らが佇まいによって地域を持続させているということを自覚できれば、生産できない者であっても、自らを意味ある存在として認識し「よく生きる（ウェルビーイングな）」ことができる。そのためには、周囲が、その佇まいによって触発されていることを可視化することも必要だろう。

　あるいは、自らが自覚できないとしても、強固な伴走者が存在し、その伴走者自身が触発されていることを意識していること、あるいは伴走者以外にも「よく生きる（ウェルビーイングな）こと」に大きな影響を与えていることが伴走者に可視化されていれば、自覚しないまま触発型関係人口として地域を支えるとも考える。

　こうしたことは、スポーツの現場でよく見られる。2023年に開催されたワールドベースボールクラシックにおいて、日本チーム「侍ジャパン」は優勝を飾った。勝ち進んだ侍ジャパンのベンチには、脇腹の怪我により出場辞退したカブスの鈴木誠也のユニフォームが吊るされていた。ご丁寧に、怪我

をした脇腹付近に白いテープで×印を付けられて。

　侍ジャパンの各選手はベンチに戻り、鈴木のユニフォームを見るたびに、鈴木の無念を意識し、ゲームに臨む意欲を高めたはずだ。

　バスケットボールのプロリーグであるＢリーグＢ１中地区に属するサンロッカーズ渋谷でも、怪我をして2023-2024シーズンを棒に振ったマイケル・マカドゥ選手のユニフォームが、触発の力を持っていた。

　私は、このシーズンに急速な成長を見せた津屋一球選手がゲーム後の挨拶で常にマカドゥのユニフォームを手にしていたことを覚えている。

　これらのスポーツの事例では不在者がチームにとっての触発型関係人口として存在していたということが言えるだろう。

　地域でも、こうしたことは十分にある。年齢に係わらず認知症を患っている人は地域にとって無意味な存在か、重度の障害を持って家族や介護者の力によって生き続けている人は地域にとって無意味な存在か。

　こうした人々の家族や介護者という伴走者が、彼・彼女の存在、佇まい、ありようによって、なんらかの力を得て地域に関与できているのであれば、認知症を患っている人々も、重度の心身障害を抱えている人々も地域内関係人口として位置づけられる。

　ここでの関与には多様なものがあるだろう。直接的に自ら伴走する人の関心事を実現するためにアンガージュマン（政治参加）やアドボケイツ（権利擁護の代弁）を行うという関与もあれば、伴走する人の僅かな笑顔によって、自らを奮い立たせて活動するということもあり得るだろう。

　しかし、そのために必要なことがある。地域において伴走者を支える取り組みがなければ、伴走者は疲弊して倒れる。そのとき、地域は触発できる関与者を失い、生産できる関与者を失う。「関係人口を増やします」という取り組みは美しい自然を伝えることだけではありえない。

　歌舞伎や人形浄瑠璃文楽の義経千本桜は不思議な演目だ。タイトルに義経とあるにも関わらず、義経が主人公となる幕はない、義経がまったく登場しない幕さえある。しかし、物語は義経に関わって展開する。

平知盛、平維盛、いがみの権太、静御前、佐藤忠信、源九郎狐。義経への反発、義経への愛情、義経への忠節。義経という触発型関係人口によって義経千本桜という物語は進んでいく。

おわりに

　ウェルビーイングという素材をもとにして、地域に関わって実際に活動している人々による多様な事例を紹介してきた。また、地域に関わって仕事を行う人々が思考した結果としてのコラムを掲載してきた。

　その事例とコラムの周辺には、つながりがあるのかどうかわからないような文章、閑話休題を散りばめた。確かに一見「つながりがあるのかどうかわからない」かもしれないが、どこかで事例やコラムとつながってはいるはずだ。頭をひねってみてほしい。

　本書では、常に述べてきたようにウェルビーイングを「よく生きる」こととして把握してきた。

　さらに「よく生きる（ウェルビーイング）」とは、矮小であろうと、壮大であろうと、どこかで自らを「意味ある存在」として認識、感覚できることだとも解釈してきた。自ら認識、感覚できない者であっても、その伴走者が「この人は意味ある存在だ」と考えるなら、彼女／彼は「よく生きる（ウェルビーイング）な」ことができていると思考してきた。

　本書のタイトルには「ウェルビーイングなまち」という奇妙な言葉が使われている。この言葉は地域幸福度という発想とは異なる。そのため、本書を読んでも、「デジタル田園都市国家構想における」地域幸福度を上げることはできないだろう。

　ウェルビーイングなまちとは、できるだけ多くの人々が、そのまちに関わって、自らを意味のある存在として認識、感覚できる、そうしたあり方をめざすまちを指している。「今、こうである」というスタティック・静態的なまちではなく、「この方向へ動いている」というダイナミック・動態的なまちの姿を意味する。だからこそ、プロモーションという言葉もタイトルに含まれている。

　プロモーションはマーケティングの用語としては単に販売促進として語ら

れる場合がある。ここからは、「ウェルビーイングなまちを育てるプロモーション」という本書のタイトルを理解することは困難になる。

　より詳しく、「商品やサービスを宣伝し、顧客の関心を引きつけ、購買やブランドの忠誠心を促すための戦略的な活動のこと」として紹介しているウェブサイト（デジタルマーケティングフォーラム）もある。この説明があれば、なんとなく、ウェルビーイングなまちとプロモーションをつなげられそうな気もするが、はっきりとはしない。

　プロモーションは英単語のカタカナ化である。では英語でのpromotionに立ち帰ってみよう。英和辞書によれば、promotionとは、促進や振興、助成であり、マーケティング用語としてのプロモーションはその上での派生である。

　人々の力の発揮を促し、強めることで、地域の経済を回し、福祉を充実させる、そのことを地域をプロモーションするというのであれば、「ウェルビーイングなまちを育てるプロモーション」はしっくりくるのではないだろうか。

　私が提起するシティプロモーションという考え方、その定義である「地域を持続的に発展させるために、地域の魅力を創出し、地域内外に効果的に訴求し、それにより、人材・物財・資金・情報などの資源を地域内部で活用可能としていくこと」も、このpromotionの原義に基づけば、よりわかりやすくなるだろう。

　この書籍では、「できるだけ多くの人々が、そのまちに関わって、自らを意味のある存在として認識、感覚できる、そうしたあり方をめざすまち」をダイナミックにつくっていくために、どのように、地域に関わる「人々の力の発揮を促し、強める」ことができるのかについて考えてきた。

　さて、ここで、京都の芸舞妓の話をするのも、本書らしくていいだろう。唐突だろうが、例によって、おいおい意味はわかってもらえるのではないか。

　京都の芸舞妓は、祇園甲部、祇園東、先斗町、宮川町、上七軒の五つの花街にあるいずれかの置屋に属している。それぞれの花街では芸舞妓が普段の

稽古を披露する踊りの会が開かれている。祇園甲部の都をどり、祇園東の祇園をどり、先斗町の鴨川をどり、宮川町の京おどり、上七軒の北野をどりである。

2024年に開かれた宮川町の京おどりでは、会場が京都芸術大学内にある春秋座で行われたこともあってか、京都芸術大学の学生による舞妓へのインタビュー記録が会場に置かれていた。

ここでは、そのなかから、文芸表現学科3年生の工藤鈴音氏による、「菊しづ」さんという舞妓へのインタビューの一部を引用しよう。

「お囃子とか、お三味線とかの譜面もぜんぶ、はじめてみるものばかりで、なかなか覚えられへんし、リズム感がなさすぎて、なにやってもおもってるようにできひんのがくやしくて、むずかしおす…お稽古まえにお稽古とかを少しすることもあります。」

「姉さん方はお稽古ごとなんでもできはるところがあこがれます。お三味線弾いてはるのとか見てても、はじめは、わぁすごい、弾いてはるとしかおもってなかったんどすけど、実際にやってみると全然できなくて、それを淡々とこなしてはるのが、すごいなとおもいます。…あこがれの姉さん方に近づくことがうちの目標です。」

「お客様が年末に『今年最後だからいうけど、めっちゃ成長したね』ってほめてくれはったり、海外から来てくれはった観光の方が…泣いて喜んでくれはったり、そういうことばを直接きけたり喜んでいただけるのが、すごいうれしおす。」

菊しづさんは、京花街の文化を伝承する存在として、先輩に憧れつつ、厳しい稽古を重ねながら、時に評価や感謝されることによって「よく生きている」。

京都以外の地方から舞妓になろうと働く者も少なくない。踊り、演奏はもとより、立ち居振る舞い、さらに京言葉、花街特有の言葉を使いこなせるようになるにはなまなかなものではない。彼女たちも、京にとって意味ある存在となることをめざし「よく生きようとしている」。

また、竹茂楼という料亭での宴席で、三味線の演奏をする地方（じかた）という役を担う芸妓からは「もともとは小唄の師匠をやっていたが、やはり花街で働きたいという気持ちがあって、年齢的にも、舞妓を経ないで、今の仕事をしている」という話も聞いた。彼女もまた「よく生きる」人だ。
　芸舞妓については、いい評判ばかりではなく、不適切な対応が強いられているという指摘もある。芸舞妓を、文化を伝承することを職業としている存在というより、客に媚びることを仕事とする存在であるとする発想がある限り、不適切な対応が事実であるなら、そうした悪弊はなかなか改まらないだろう。
　媚びを売ることは、人と人を上下関係に置く。媚びを売る側が下手に出て、社会的だったり、金銭的だったり、歪んだ売買関係だったりして、上位にいると思わせた、媚びを「買う」側の欲望を満たすという意味での上下関係である、
　しかし、それだけではない、この程度の「媚び」を売れば、買う側は思ったとおりに動くだろうという、売る側が買う側を見下げた、逆の上下関係でもある。
　芸舞妓が文化を伝承するため努めてきたものとして自らを恃む気持ちをしっかりと持ち、芸を鑑賞する相手の見識に期待する。芸を鑑賞する側は自らの見る力を恃みつつ、厳しい稽古の上で文化を伝えようとする芸舞妓のありようを尊重して臨む。
　そうした、それぞれの思いを露骨に示さず、互いに笑顔でふわりと包みながら、洗練された会話や厳選された素材と巧緻な腕による料理を味わいつつ、対峙し、芸舞妓が踊りを披露し、京ならではの遊びを楽しむ場所が、お座敷だと考えることもできる。
　人も地域も、媚びは売らないほうがいい。媚びを売ることによって買った側の欲望を満たすことはできるだろう。しかし、欲望を満足させることと、地域に関与する意欲を高めることは異なる。地域にとって必要なことは満足ではない、関与意欲だ。

地域に生きる人々が多様に地域に関与することによって自らを意味ある存在として意識し「よく生きる（ウェルビーイングする）」人を増やすことが求められるはずだ。
　そのための思考が本書である。お座敷というふわりと切磋する場に臨むために、いや、地域というふわりと切磋し、互いを意味ある存在として「よく生きる（ウェルビーイングの）」場に臨むために、時折、めくる書籍となってくれるならば大きな喜びである。

著者紹介

河井孝仁（合同会社公共コミュニケーション研究所代表CEO・東海大学客員教授）

　博士（情報科学・名古屋大学）。静岡県職員、静岡総合研究機構研究員、東海大学文化社会学部広報メディア学科教授を経て現職。専門は、行政広報論、シティプロモーション、地域ブランディング。公共コミュニケーション学会会長理事、総務省地域情報化アドバイザー、総務省地域力創造アドバイザー、㈳日本広報協会広報アドバイザー、同全国広報コンクール審査委員（広報企画部門代表委員）などを務める。

執筆協力者紹介

安部亜裕子（飯南町まちづくり推進課主幹）

　観光振興担当、飯南高校魅力化担当などを経て、2020年よりまちづくり推進課へ配属。小さな拠点づくりなど住民自治の推進や、ふるさと納税、シティプロモーションを担当。令和5年度全国広報コンクール広報企画部門読売新聞社賞。令和6年度全国広報コンクール広報企画部門入選。

小玉悠太郎（坂井市総合政策部移住定住推進課兼企画政策課ふるさと納税推進室主査）

　課またぎ兼務の辞令を受け、9年継続して担当しているふるさと納税のほか、インナーブランディング、公式キャラクター「坂井ほや丸」のお世話係などを担当。ふるさとチョイスアワード2017優秀賞、ふるさとチョイスアワード2020チョイス職員大賞、地方公務員アワード2023（KDDI賞、LINEヤフー賞をW受賞）など、担当業務で数々の賞を受賞。

中本正樹（Nakamasagas 代表）

元茨城県小美玉市職員。政策、シティプロモーション、広報、産業プロモーション、劇場活性化など多数の分野に「対話の文化」を導入して実績を残す。2024年4月から、「対話の文化」によって地域や職場の分断・対立・多様性を乗り越え、自立自走の風土を生み出す対話デザイナーとして独立起業。文化庁派遣支援員、（公社）全国公立文化施設協会コーディネーター、茨城県まちづくりアドバイザーなどを務める。

村田充弘（生駒市広報広聴課主幹兼プロモーション係長）

広報紙制作やプロモーションサイト・SNS「グッドサイクルいこま」の運営、動画制作など多岐にわたる広報業務に12年携わる。担当する市民PRチーム「いこまち宣伝部」が2022年度グッドデザイン賞を受賞。平成19年度に生駒市に新卒で入庁し、教育総務課を経て現職。地域で子ども向けのダンスコンテストを10年以上開くなど、公私共にまちを楽しむ。

荒井菜彩季（合同会社 LOCUS BRiDGE CMO）

自治体職員（埼玉県本庄市、北本市）を経て現職。北本市ではシティプロモーション・ふるさと納税を担当。シティプロモーション事業の主軸である屋外の仮設マーケット事業では対話を大切にした伴走支援を行い、全国広報コンクールで内閣総理大臣賞を受賞。ふるさと納税では2020年度から3年連続で埼玉県内1位。現在は、埼玉県内を中心にふるさと納税業務等、自治体業務の支援を行う。

兒玉絵美（NPO法人クロスメディアしまだ事務局長）

「UNMANNED 無人駅の芸術祭／大井川」総合ディレクター。（2021年総務省ふるさとイベント大賞・ふるさとキラリ賞受賞／2022年静岡県文化奨励賞受賞）島田市出身。大学卒業後島田市商工会入社を経て現職。2013年～2015年にはタウンマネージャー育成者とし商業活性と県内外他市の支

援に取り組む。子どもの社会教育と商業活性をつなぐ取り組み「こどもわくワーク」の企画運営を実施し2015年キッズデザイン賞を受賞

宇都宮萌（福知山市シティプロモーション係係長）
民間企業と公益財団法人を経て、現職。地元ゆかりの武将・明智光秀からの「謀反のお知らせ」、市民参加型企画「福知山の変」など、市民やクリエイターと協働するPR企画を多数手掛ける。全国広報コンクール特選、シティプロモーションアワード金賞、CAMPFIREアワード特別賞、PRアワードブロンズなど受賞。

藤倉優貴（コミュニケーションプランナー）
医療福祉のCIを基礎としたCC戦略によるブランディングに注力。インターナルブランディングを重視し、スタッフのエンゲージメントを高める組織開発で組織風土を変えていくまでを実施するのが特徴。「医療福祉を中心とした地域づくり」を提唱し、組織の「魅力づくり」にも力を入れている。

田中咲（株式会社小田急エージェンシー ストラテジックプランナー）
2015年よりストラテジックプランナーとして若者・女性向け案件を中心にデータ分析・調査・戦略策定業務や研究活動に従事。19年より社会課題関連の新規事業における広報担当として小田急電鉄に出向、アプリ・サービス開発に携わる。その後再びプランナーに戻り、地域創生業務・一般企業案件の企画業務・小田急グループの子育て関連の業務などに取り組む。

増田光一郎（株式会社小田急エージェンシー ストラテジックプランナー）
小田急電鉄の沿線エリアブランディング、マーケティングなどの戦略立案、広告制作に携わる。その後、業務領域を地域魅力開発などに拡げる。特に持続可能なまちづくりに向けた体系的な組織づくり、ソリューション提供

に取り組んでおり、専門家として行政などの団体へアドバイス・コンサルティングを提供している。主要メンバーを務める株式会社小田急エージェンシー内の研究チーム「ゆるさとLabo」は、ふるさとを持たない都市部の若者に着目し、その若者たちが社会に出てから新しくつながる地域を、"ゆるくつながれるふるさと"「ゆるさと」と命名して、2019年より若者関係人口の研究を開始している。ターゲティングに活用可能な若者関係人口のタイプ分類を行うとともに、若者関係人口と地域の関係構築を、つまづきと克服の連続で描いたカスタマージャーニーマップの開発を通して、再現可能な若者関係人口マーケティングメゾットの開発に取り組んでいる。主な受賞・発表として、日本マーケティング学会マーケティングカンファレンスベストポスター賞。論文「再現性ある関係人口創出に向けたタイプ分類に関する研究」「関係人口化する障壁と克服ストーリーを地域独自に描く手法の研究」がある。

```
                サービス・インフォメーション
 ┌─────────────────────────────────── 通話無料 ──┐
 │ ①商品に関するご照会・お申込みのご依頼                │
 │           TEL 0120(203)694／FAX 0120(302)640   │
 │ ②ご住所・ご名義等各種変更のご連絡                  │
 │           TEL 0120(203)696／FAX 0120(202)974   │
 │ ③請求・お支払いに関するご照会・ご要望              │
 │           TEL 0120(203)695／FAX 0120(202)973   │
 └────────────────────────────────────────┘
 ●フリーダイヤル(TEL)の受付時間は、土・日・祝日を除く
  9:00～17:30です。
 ●FAXは24時間受け付けておりますので、あわせてご利用ください。
```

「ウェルビーイングなまち」を育てるプロモーション
──あなたのまちでも使える事例と分析

2024年11月15日　初版発行

編　著　河　井　孝　仁
発行者　田　中　英　弥
発行所　第一法規株式会社
　　　　〒107-8560　東京都港区南青山2-11-17
　　　　ホームページ　https://www.daiichihoki.co.jp/

ウェルプロモ　ISBN978-4-474-01761-0　C2036(6)